〔讀者限定！〕

宇宙本源連結之道

▼請沿虛線剪下使

イメージの魔法

神様とつながり、幸せが勝手にやってくる

神腦覺醒

Masayo

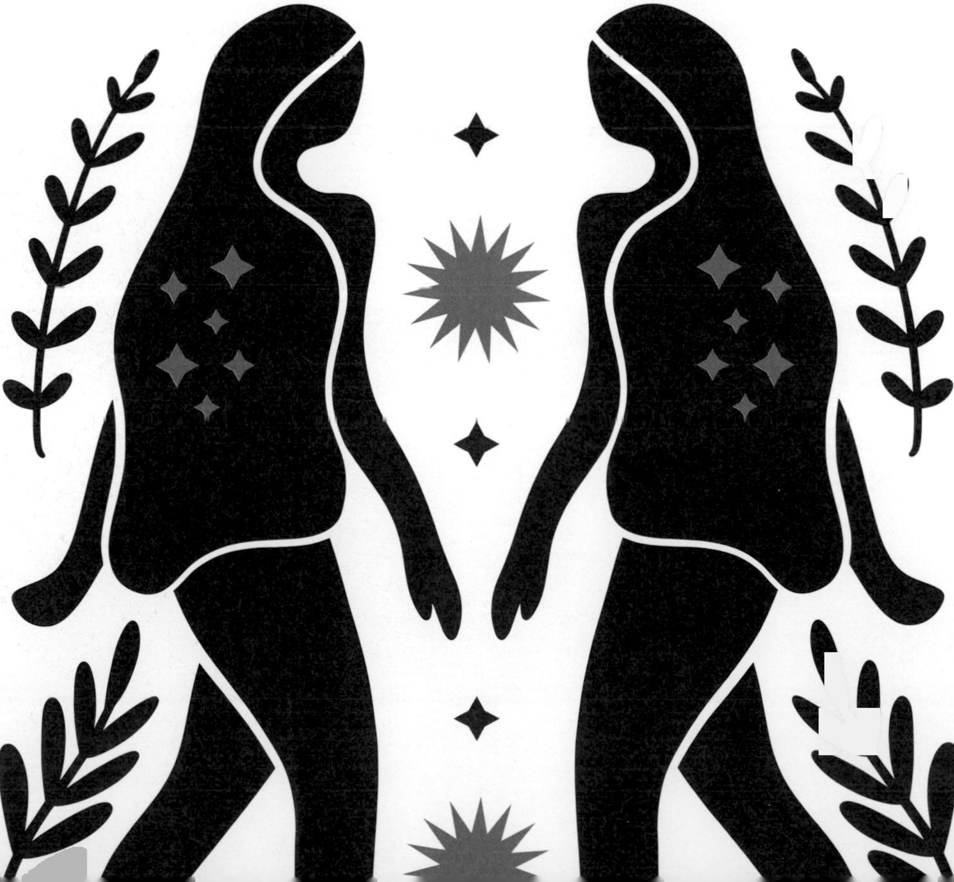

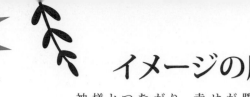

看著這張照片，
你有什麼想法呢？

「好美的草原啊！」
「天空好漂亮。」
「長著一棵好大的樹呢！」
「碧草如茵。」
「微風徐徐，感覺很舒服。」
你可能會有這樣的感覺。
這些都是雙眼所見，來自視覺的感受。

那麼，你覺得這片草原的另一頭，會是什麼樣子呢？
你認為遙遠的彼岸，會有什麼風景呢？
在你腦海中，浮現出怎樣的畫面呢？
請你試著想像一下。

前言

懂得想像的人，再也不必煩惱如何創造未來、透視未來

大家好，我是Ｍａｓａｙｏ。

感謝大家購買這本書。

到目前為止，我已經出版了好幾本透視及通靈的書籍。

我在這十幾年來，透過這些書一直在提醒大家的重點，就是當你透視與通靈時，一定要留意「腦中浮現的畫面」。

每一位靈能者及通靈者都是如此，當他們在透視或通靈的當下，腦海中都會如同「看電影」一樣浮現出畫面。

然而我卻發現，在過程中很難「在腦中浮現畫面」，或是根本做不到的人，竟然超乎我想像的多。

腦海裡隨時都會浮現想像畫面

但是請你想想看。

「在腦海中浮現畫面」真的一點也不難，簡單來說就是「想像」。現在就讓我們一起來試試看。

想像意指假想。舉例來說，聽到別人跟你說「**請你想著草莓**」，應該沒有人無法想像草莓的模樣。

就像這樣，想像是每個人與生俱來的能力。

但是當你被問道：「這個草莓的畫面是出現在什麼地方呢？」你一定會回答就在頭腦裡面，就在「腦海中」。

其實所謂的想像，就是隨時都會在腦海中浮現出來的畫面。

然而當你沒有將注意力放在腦海中，有時候你甚至不會察覺腦中浮現出草莓的畫面，於是錯過了這個畫面。

事實上透視還有通靈都是一樣的邏輯，當你持續將注意力放在腦海中，你就會清楚看到浮現在腦海裡的想像畫面。

每次我在解釋透視或通靈時，經常會用一句話來形容：「透過第三隻眼來觀察」。我相信多數人都是像這樣來理解透視或通靈的行為。

只不過，**當你越在意第三隻眼的時候，坦白說你越難看得清楚**。如果你一直試圖用第三隻眼去觀察，映入眼簾的會是眼瞼的背面，也就是「漆黑一片」。

因為每次聽到「觀察」二字，人通常就會直覺反應要發揮人類雙眼的基本功能，也就是「用眼睛去看」，於是理解成「看看自己前方有什麼」。如此一來，注意力便會轉移到眼瞼的背面及額頭，但是這樣根本什麼都看不見。

而且當你想讓自己「看得見」的時候，會以為這時需要特別的超能力，接下來可能會出現兩種人，一種是認為自己不具備透視或通靈「才能」而心生放棄的人，一種則是為了讓自己「看得見」而遍尋有無祕法或妙計的人。

還有很多認為「祕法不可或缺」的人，似乎都相信必須由「看得見」的靈異專家幫自己「開天眼」才行。我覺得這個觀念並不正確。

「努力學習這方面的技法，應該就能看得見了吧？」

「只要報名那些天價研習班，應該就能看得見了吧？」

即便在現在這個當下，可能還是有人盲目追求「看得見」這件事，一直四處花錢上天價的研習班。我覺得，或許就是因為這樣才會衍生出所謂的「心靈難民」。

所謂的「看得見」，就是「想像」、「假想」、「活用大腦」，而且只要能夠想像得到「草莓」，**每一個人天生都能看得見。請你明白，看得見並不是「特別的超能力」**。

在腦海中靈活想像的祕訣

接下來，我將繼續為大家講解一些簡單的想像課程。

請你試著再次想像一下「草莓」。
去掉這顆草莓的蒂頭之後，再用刀子縱向對切看看。
並試著將草莓上方切成V字型。

怎麼樣？

你能夠在腦海中想像，草莓變成二個心型了嗎？

當你在想像的時候，你的視線會不會無意識地往右上方看呢？說不定有人還會將脖子稍微往左倒。

想像某些畫面的時候，會在無意識間將視線稍微看向右上方，脖子往左傾倒的人，就是很懂得如何想像的人。詳情容後再述，這也是能在腦海中靈活想像畫面的祕訣。

話說回來，如果是這等程度，絕大多數的人根本不需要知道這類祕訣就能順利想像出畫面了。但是似乎也有很多人，當他們在想像從未去過的地方，或是引導他們進行想像練習的時候，卻說他們「完全無法想像」、「無法浮現畫面」。

想像的能力，與使用大腦的習慣有關

懂得想像的人與無法想像的人，有何差異呢？這十幾年來，我一直在思考這個問題。

其實能夠靈活動腦想像的人，甚至可以輕而易舉運用吸引力實現未來願景。

至今我已經多次親身體驗，當我在腦海中浮現「希望事情如此演變」的畫面之後，不知不覺事情便真的實現了。

而且直到最近，我終於明白「為什麼看不見？」「為什麼無法想像？」了，根本不必探究「為什麼看得見？」的問題。

這只是，**大腦的使用方式略有不同**。

所謂的「無法想像」、「看不見」，純粹是使用大腦的習慣不同而已。

當然我並不是大腦專家或腦科醫師，不過當我在深入探討「為什麼看不見」、「為什麼無法想像」的問題時，還有試著回溯自己年幼時期的時候，我發現了一個問題：「這時我會使用到大腦的哪個部位？」

我們在長大成人的過程中，通常會在無意識下養成各種習慣。比方說吃東西時也會習慣用同一邊牙齒咀嚼。你是否曾經突然發現，你總是只用一邊的臼齒在咬東西呢？同樣的道理，大腦自己也會習慣使用容易思考的部位。

想像並非與生俱來的才能，也不是遺傳而來，**而是看你如何使用大腦，有沒有使用大腦，以及最常使用大腦的哪個部位**。

當你明白這點之後，只要稍加注意再好好練習，不管你要想像或是「看得見」，絕對不會是難以克服的障礙。

如果你是「不擅長想像」、「不懂看得見是什麼感覺」的人，請你放寬心將這本書繼續讀下去。我會想辦法讓你可以慢慢地使用大腦，練習如何想像。

除此之外，可能也有人「雖然懂得如何想像，卻無法使想像成真」。如何讓腦海裡的想像在現實中成真，還有進一步擴大想像的祕訣，這部分我也會教給大家。

這十年來我一再耳提面命，無論是「想像」、「看得見」、「透視或通靈」，**絕對不是什麼特殊能力，而是每個人從小就在使用的能力**。

我最樂見的，就是希望能藉由本書，讓大家回想起沉睡在自己體內的透視能力，以及「使用的訣竅」。

目錄

第2章：

Masayo式想像法，讓神聽見你的願望！

第3章：讓願望成真的想像實作練習

第4章：神明想像實作練習，盡情釋放心靈能力！

開場白

運用〔宇宙本源連結之道〕，練習開啟次元之門

十二、十三年前，我第一次在空中看見天使。
當時我雙眼緊閉，意識在瞬間脫離肉體，
飄浮在美麗的天空之中。
當我抬頭仰望，如畫般美麗的天空無邊無際，
當我垂頭俯看，白雲以急速翻騰流轉。
隨後我越來越往上升，
眼前竟出現了飄浮在藍天中的白色大門。
隨後由可愛的小天使為我打開了這扇門。
雖然我沒看見天使的模樣，
但那可愛的小屁股至今仍記憶猶新。
那是帶領我連結異次元的大門。
我也要將那扇門送給你。
現在就請你打開次元之門，
引你步向你的宇宙本源及異次元。

＊在Masayo部落格（參閱書末）會為大家詳細說明這項次元之門的練習。
這個練習是送給大家的禮物，請上楓書坊文化出版社的官方臉書，搜尋「宇宙本源連結之道」之練習翻譯。

第1章

想像力與基礎課程

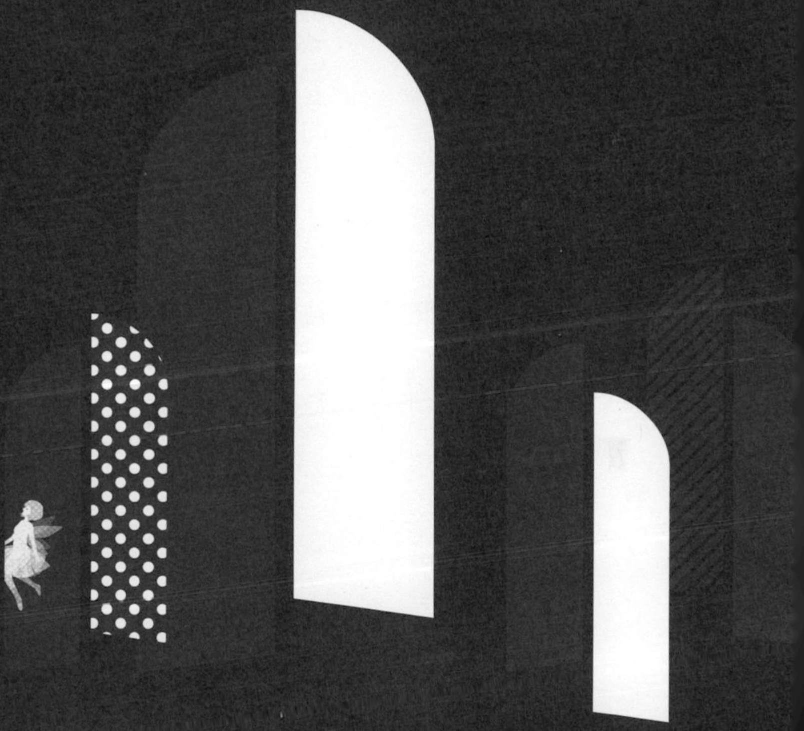

想像的關鍵在於「神腦」的使用方式！

「這裡有一個盒子，請你看著這個盒子。」

聽到這句話的時候，你會往哪裡看呢？

習慣右腦思考的人，一開始會看著整個盒子，接著會看到模糊的顏色及文字；但是習慣左腦思考的人，卻是將注意力放在盒子上寫了什麼字，試圖去辨識文字代表的涵義。

過了一段時間之後，當你再聽到「請回想一下這個盒子」的時候，習慣右腦思考的人，會想起模糊的盒子與盒子的顏色，不過習慣左腦思考的人，當他完全不記得盒子上寫的文字及涵義時，就會說他「想不起來」。

有的人不擅長想像，但是這點並不影響他是否具備優異的心靈能力，只不過是**他習慣用右腦或左腦思考，比較常動右腦或左腦，**只有這點差別而已。

人都有與生俱來的本能。據說像「肚子餓了」、「愛睏」的時候，就會習慣用右腦思考。

此時感興趣的對象，是要滿足右腦的需求，所以絕大多數都會用右腦思考再付諸行動。沒錯，因此當我們還是嬰孩的時候，每一個人都會在無意識中大量使用右腦。

隨後開始用語言表達想法時，才會開始使用左腦，也就是所謂的「具有語言功能的理性腦」，而且隨著年齡增長在社會中求生存時，會逐漸變成大量使用左腦而非右腦。

我總是提醒大家，本來每一個人天生就是靈能者，具有天賦，因為我認為大家在出生時都是右腦全開的狀態，只是在成長過程中，多數人都**忘記了右腦的使用方式而已**。

我將這個用來想像的右腦，稱之為「**神腦**」。

你常用神腦（右腦），還是理性腦（左腦）？

據說人在記憶文字時，習慣使用的是右腦。文字是一種形狀，就是想像出來的圖像。然而記憶文字的雖是右腦，但是排列文字賦予意義，利用文字讓對方明白意思的，卻是左腦的工作。

基本上人都會同時具備左右腦的思考能力，但是你覺得你比較常用神腦（右腦），還是理性腦（左腦）呢？

在這當中也有人可以同時活用神腦與理性腦，二者並沒有優劣之分，但是我發現常用神腦的人比較擅長想像，常用左腦的人往往不擅長想像。

舉例來說，小時候聽別人說故事時，或是自己在讀故事書的時候，**故事裡的場景會像電影或連續劇一樣整個浮現出影像的人**，大多是擅長用右腦思考的人。

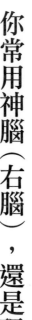

我是在小學一年級時察覺到這種現象，那時候導師讀了芥川龍之介的《蜘蛛之絲》故事書給我們聽。我自己完全就像融入電影當中一樣，那些情景活靈活現地浮現出來。其實在那之前，我也曾在睡前聽祖母述說往事時遇過這種情形，所以並不感到意外。

但是當你一開始讀的故事書就是內含插畫的繪本，腦中就不會浮現出情景了。這是因為書中已經有了插畫，所以你不需要動腦筋，也就是沒必要用右腦思考。

反過來說，讀故事書的時候，或是聽別人說故事時，**能在腦海中整理出故事重點，或是能向別人侃侃而談故事大綱的人**，就是擅長用左腦思考的人。

擅長用左腦思考的人當中，可說大多都是擅長分析「前後邏輯」，說明故事如何發展、點出結論及結局的人，比較不會想到故事的情景。

每個人都能靈活運用神腦

一般來說，常用右腦思考的人據說「充滿創造力」，而且以「以天才型居多」。但是不可能每個人都是天才，很多人像我一樣都是平凡人。

相對來說，常用左腦思考，而且不擅長想像的人，十分重視過往的經驗，多數會給人一板一眼又負責認真的印象。

左腦是活在當下的知性腦，而且就像大家口中說的充滿生活智慧，主宰邏輯、理性，在日常生活中舉足輕重。所以善於用左腦思考，在現代社會極占優勢。即便你自認不擅長想像，但在日常生活中，你仍會無意識地不停「想像」。

比方說，請你想想看如何用心算做直式計算。

做1＋1的直式計算時，你會將二個1縱向排列對吧？

換成11＋1要如何計算呢？你會將11和1縱向排列對吧？

這些算式會出現在什麼地方？你會在哪裡進行計算？計算的過程是由左腦（知性腦）掌管，但是心算時，卻會使用右腦（神腦），以想像的方式來計算。

其實想像可以信手拈來，超乎你的意料。

以下是我個人的見解，觀察我目前認識的人後發現，擅用左腦的人總是習慣以理性思考，因此很多人都會覺得用右腦思考是件很困難的事。

但是多練習幾次之後，這種習慣也會跟著改變，乍看之下理性思考並實事求是的人當中，也有許多人相信心靈感應，十分均衡地使用左右腦在思考。

最近我開始聽到一種說法：「腳踏實地的心靈感應」。我認為這句話應該解釋成，**在日常生活中面對現實，但是也要真心認同無形之物。**

透過引導練習如何想像

事不宜遲，馬上開始練習想像的基礎課程吧！

忘記大腦該如何使用的時候，最快回想起來的捷徑，就是透過引導方式練習在大腦中浮現畫面。

我想大家在讀完「前言」之後，都可以想到「草莓」的畫面了，所以接下來就從這裡繼續進行想像的課程。

請你想像一下，有一顆看起來十分美味的草莓。

這顆草莓看起來如何呢？請你自己仔仔細細地看清楚。

多大多小？什麼形狀？什麼顏色？

這顆草莓，你打算如何享用呢？

直接大口咬下？淋上煉乳？
請你想想看這時的味道如何？

怎麼樣？
你可以完全想像出草莓，並且吃掉草莓了嗎？

現在，要請你再一次想像這顆草莓。
這次請你試著將這顆草莓放在奶油蛋糕上。
這塊奶油蛋糕是什麼形狀呢？是三角形？還是四角形？大小如何？
你看得見蛋糕的剖面嗎？海綿蛋糕體之間，夾著什麼內餡呢？
是切片草莓？還是鮮奶油？
這塊奶油蛋糕，是擺在怎樣的盤子上呢？
這個盤子是放在怎樣的桌子上呢？
有鋪著桌巾嗎？
這個桌子是位在怎樣的房間裡呢？
還有這個房間是位在怎樣的屋子裡呢？

怎麼樣？

你可以完全想像這棟屋子了嗎？

多數人都會覺得，大概聽到「將草莓放在奶油蛋糕上」這句話之後，接下來整個想像的畫面可能就會變模糊了。但是到了將奶油蛋糕擺在盤子上的步驟為止，這些想像的畫面是不是越來越清晰了呢？

就像這樣，起初模糊不清的想像畫面，會在你動腦的期間逐漸變得清晰起來。

接著再來繼續練習一下。

請你想像一下罐裝的櫻桃。

請你仔仔細細地看著櫻桃。

是一顆？還是二顆？什麼顏色？

大小如何？帶著梗嗎？

請你將櫻桃含在口中，嚐嚐味道吧！

味道如何呢？散發怎樣的香氣呢？

說不定你會覺得很懷念，順帶回想起小時候的事。

怎麼樣？
你可以完全想像出櫻桃，並且吃掉櫻桃了嗎？

現在，要請你再一次想像剛才的櫻桃。
這次請你試著將櫻桃裝飾在甜點上。
現在櫻桃是放在怎樣的甜點上呢？
是冰淇淋嗎？是布丁嗎？還是放在蘇打汽水裡呢？
這個甜點是放在什麼形狀的玻璃容器中呢？
這個玻璃容器是放在怎樣的桌子上呢？
這個桌子擺放的場所，是怎樣的房間呢？

怎麼樣？想像的畫面是不是逐漸擴大了？

自我引導如何想像的練習

這次要由你自己，引導自己練習如何想像。
雖然比起由我來引導會更困難一些，但還是要請你放輕鬆試試看。
現在就來試著引導自己想像看看吧！

❶雙手完全張開，仔細觀察看看。

左右手都無妨，請你實際將自己的手完全張開，仔細觀察看看。此時請不要分心去看手相。請你觀察自己的手有多大，還有手指的形狀及顏色等等。

❷在頭頂上實際將手張開看看。

接下來，請你試著在身邊沒有鏡子、看不見自己身影的地方，在頭頂上將手張開。舉一個很老套的例子，從前的偶像Pink Lady唱「ＵＦＯ」時有一個舞蹈動作，她們會搭配歌曲在頭頂上將手張開。請你試著用這樣的感覺，在頭頂上將手張開。

❸單靠想像在腦海中將手張開看看。

現在要試著在腦海中浮現畫面。請你在腦海中想像一下，只有你的手掌完全張開的樣子。

接下來，要試著練習讓手變成其他形狀。

完成①～②將手張開的形狀之後，這次要練習用想像的方式，順利讓手變成其他形狀。

❹首先要試著將手握拳。

・手握拳後，再仔細觀察看看。
・試著在頭頂上將手握拳。
・試著在腦海中將手握拳（在腦海中只想著手握拳之後的畫面）。

❺接下來要試著做出剪刀的形狀。

・手做出剪刀的形狀後仔細觀察看看。

・試著在頭頂上將手做出剪刀的形狀。

・試著在腦海中將手做出剪刀的形狀（腦海中只想著手做出剪刀形狀之後的畫面）。

接下來會比較困難一些。

請你試著將手張開，如同在數數一般從大拇指開始依序彎曲手指。也可以一邊出聲數「1、2、3……」。

請你仔細看著手掌，一邊試試看。

❻數1、2、3、4、5之後，實際將手指彎曲，再仔細觀察看看。

請你好好記住手的感覺和形狀。

❼實際在頭頂上彎曲手指數數看。

接著要在自己看不見的地方，請你試著在頭頂上將手張開後，再實際彎曲手指數「1、2、3、4、5」。

最後手變成握拳的形狀了嗎？

❽試著在腦海裡彎曲手指數數看。

下一步請試著不要用手，而是在腦海中浮現手的畫面，再彎曲手指數「1、2、3、4、5」。

相信在你的腦海中，一定能夠浮現出方才將自己的手伸出來，然後彎曲手指的畫面。

藉由情境練習「透視」未來

緊接著，要繼續來使用神腦（右腦）了！
請你再看一次本書最前面的風景照片。
你覺得這片草原的另一頭是怎樣的景色？
只要你充滿好奇地將注意力放在腦海中，就會反映出各式各樣的景色。這就是所謂的「透視」。
現在請你再試著練習一次。

現在感覺如何呢？
這個問題並沒有正確答案。也不會有答案。
因為在這張照片裡，並沒有拍到另一頭的景色。
但是在你腦海中，肯定會浮現出這片草原另一頭的景色。

此時也許是自己在空想或妄想，你要這麼想也無所謂。
你可以當作是自己創造出來的想像。
不管是透視或通靈，都必須經過這樣的空想與想像。因為你會明白，空想、妄想以及深感懷疑的一切，很快就會成真。

你要試著像這樣，從一個風景想像出遙遠的另一方。
如果在日常生活中出現了兩條岔路，你要試著去想像自己沒有選擇的那條路，前方會發生什麼事。
你在練習想像的過程中，將會逐漸明白一點，在你腦海中看到的一切，並非自己的突發奇想或空想。

現在，請你再看一次風景。

在這片草原上吹著怎樣的風呢？
是溫柔撫過臉頰的微風嗎？是超乎想像的強勁風勢嗎？
請你試著想像一下，在草原上被風吹撫的感覺。

請你試著在這片草原上，呈大字型躺下來。
草原的味道、風的觸感，還有太陽是什麼感覺呢？請你想像看看。

「風應該是輕輕吹拂著。」
「這陣風，將青草的香氣傳到了我的鼻尖。」
「太陽應該是暖呼呼的，感覺很舒服。」

隨你愛怎麼想像都行。

在你隨心所欲想像的當下，你的頭腦肯定正在動個不停。

第2章

Masayo式想像法，讓神聽見你的願望！

轉換成宇宙腦

心有所求的時候，擅長用右腦（神腦）思考的人，通常會直接在腦海中描繪出自己夢想的未來。

這種時候，大家都會自然而然將脖子微向左傾，使右腦立於脊椎上。

就連我在透視的時候，也會無意識地做出這種姿勢。

後腦杓稍微往後傾，使額葉與脊椎呈一直線，接著再抬頭看向偏右側的地方。只要照這樣做，你就能很容易地在腦海中想像。這種大腦的狀態，我稱之為「宇宙腦」或「通靈腦」。

所謂的宇宙腦，就是與宇宙、本源及神產生連結後，進入輕微的出神狀態。出神狀態的另外一種說法，也稱作變異意識狀態。

刻意營造出這種宇宙腦之後，就會很容易通靈。所以**宇宙腦也可說是靈活使用右腦的狀態**。

我想將這種方法盡可能簡單明瞭地教給大家，於是在二〇二一年三月出版《八百万の神様手帳》（八百萬的神明手帳）之後，推出了「通靈著色畫」。在準備工作的部分，要先練習轉換成宇宙腦，讓意識稍微改變之後，再開始在神明著色畫上塗色，隨後你會感覺手好像自行動起來一樣，拿出了平時不常使用的顏色，就像「顏色會決定要塗在哪裡」，你會感覺與宇宙連結，同時還能將著色畫完成。

現在馬上就來為大家說明，如何轉換成宇宙腦吧！

過程一點都不難，只須掌握**大腦如何與脊椎呈一直線**即可。掌握訣竅之後，就像切換開關一樣，你隨時都能轉換自己正在使用的左右腦。

平時常用左腦思考的人，你只要想著切換成「宇宙腦＝右腦（神腦）」就行了。

轉換成宇宙腦的作法

1 調整姿勢

最重要的就是一開始的姿勢。不管你要盤腿坐，或是坐在椅子上都沒關係。坐下時要讓骨盆立起，使脊椎挺直。

先將胸部打開，使背部的肩胛骨用力靠攏。接下來要讓肩膀放鬆，並試著讓頸椎至脊椎呈一直線坐好。

2 使後腦杓與脊椎呈一直線

先將脖子往後倒，隨後回到原位時，須將下巴往後推。

刻意使後腦杓與脊椎呈一直線。並請確保位於頭頂的百會穴，也就是所謂的頂輪能朝向天空。

3

在頭頂蒐集宇宙能量

請你想像在頭頂的百會穴擺著一個盤子。頭部上方會感覺到一些重量（難以想像的時候，可以試著將小盤子放在頭上感覺一下重量）。

想像小盤子一直擺在頭上，慢慢地呼吸。從鼻子吸氣，再從嘴巴吐氣。

請你想像宇宙能量開始匯集到小盤子裡。

繼續慢慢呼吸，一邊數到5一邊將脖子往後倒。慢慢呼吸的同時，再讓頭部回到原位。

接下來要將脖子往前倒。一邊慢慢呼吸一邊數到5，再使頭部回到原位。

4

從宇宙下載你需要的資訊

請你用想像的方式看著頭頂。方才提到的盤子應該已經與你合而為一，或是你會感覺在你頭頂上出現了盤子大小的洞。

現在請你試著再次將下巴往後推，使百會穴朝向天空。

現在你需要的資訊，會朝著你的百會穴匯集過來。大量的宇宙資訊會從頭頂開始下載。每次你從鼻子吸氣時，這些資訊就會傳送到全身的每個角落。

這些資訊會從你的百會穴，通過眼睛後方、臉部正中央，匯集到胸部中間的心輪。當資訊匯集到心輪之後，你會感覺胸部變熱、變得越來越厚實。

5

「咔鏘」一聲立即切換左右腦

資訊從腳先至指尖，遍及全身每個角落，當你感覺整個大腦充滿資訊再也容不下之後，再次從鼻子吸氣，同時慢慢地將脖子往後倒下去。

脖子往後倒下去之後，你可以在心中默念：「咔鏘。」頭部慢慢地回到原位時，請你再一次試著在心裡默念：「咔鏘。」這一聲就可以用來切換左右腦。

利用上述方式，就能切換成宇宙腦＝右腦了。

為了讓初學者一看就懂，我將步驟詳細列出，以便初學者做好準備動作，等到大家掌握訣竅之後，只需要**「調整姿勢後將注意力放在百會穴上，使腦部位於脊椎上方，並在脖子往後、往前傾倒時，默念咔鏘、咔鏘幾聲」**，就能透過這幾個步驟切換左右腦。更加熟練之後，將姿勢調整好，咔鏘一聲的瞬間就能完成「左腦↓右腦」的切換。日後在不知不覺間，甚至不需要做這些準備動作了。

還不習慣的時候，當宇宙資訊從百會穴不斷匯入時，有些人可能會覺得「頭很重」、「頭會痛」。

感覺頭變重或是頭會痛的話，請你先從嘴巴吐一口氣，並將全身力量放鬆。別再想著腦部要位於脊椎上方。

宇宙腦會因為這個「從嘴巴吐一口氣，並將全身力量放鬆」的動作，切換成原本的狀態，不過你不必每次都照著規矩做。**當你回歸日常生活，左右腦自然就會切換並恢復原狀。**

Masayo式3步驟「讓神聽見願望的想像法」

相信手中持有本書的讀者當中，許多人感興趣的是如何透過想像實現願望，也就是所謂的「吸引力法則」。

在六〇年代第一次引發風潮的吸引力法則，到再次捲土重來，時間長達十年之久。在這期間，「吸引力法則的祕訣」如雨後春筍。其中更有人用艱深論點解釋吸引力法則，其實吸引力法則並不複雜，非常簡單。

回顧我自己過去的歲月，從未對「吸引力」產生興趣，但我深信不疑的是，**腦海中浮現的一切，都會反映在這世上**。所以腦海裡，也是描繪自己未來的地方。

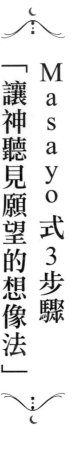

實現願望的祕訣，就是要好好地在腦中描繪出未來。真的只需要這麼做。前文提過右腦就是神腦，在這之前我也告訴過大家，腦海裡就是神的世界、與神連結得到天啟的地方。只要你能用右腦思考，在腦海中想像，神自然就會聽見你的願望。

Masayo式　讓神聽見願望的想像法

步驟1　轉換成宇宙腦。

步驟2　在腦海中輕描淡寫你的願望，讓想像中的自己付諸行動。

步驟3　想像過後忘記了也沒關係。日後都無須在意。

不擅長想像的人如何讓右腦動起來？

吸引力法則對於某些人遊刃有餘，有些人卻覺得難以應付。

在這世上，所謂吸引力法則的祕訣、技巧實在數不勝數，但是我卻有個人的看法。

第一，自認不擅長吸引力法則的人，我認為他們都不善於用右腦思考。

這些人，**請你練習看看邊用左腦邊動右腦**。

我發現在這世上多數談到吸引力法則的時候，都是在訓練你先用左腦再動右腦。

舉例來說，有一種祕訣稱作「願望清單」。作法是將「想要實現」、「希望成真」的願望寫在記事本或筆記本上。

俗話常說「寫下願望就會實現」，但是記事本或紙張並非魔毯。所以我認為如果是擅長想像的人，根本不必寫下來。但是不擅長想像的人，先用左腦思考再將願望寫下來之後，願望就能傳到腦海中使想像成型。隨後願望便能很快地傳遞到宇宙、神、本源、潛意識，以及其他說法的地方去。

在前幾頁的步驟2，曾提到輕描淡寫你的願望即可。這是不可否認的事實，但是對於「不懂如何輕描淡寫」的人來說，我認為你可以試著將願望寫下來，使想像傳遞到腦海中。

關於列清單的作法，每個地方教的都不一樣，例如有的人會建議「在新月這一天列清單」、「一次最多列十個清單」、「盡可能詳細描述」等等，不過效果應該會因人而異。

最重要的，還是要在腦海中想像。我認為只要能做到這點，其餘你想怎麼做就怎麼做。

動腦就是在發揮創造力

假設你冒出一個想法，「好想去夏威夷」，這時你腦海中會浮現怎樣的畫面？是一片美麗大海加上椰子樹的海灘風光嗎？說不定還有人習慣將夏威夷的照片剪下來蒐集，一再拿出來欣賞呢！

接下來要再進一步，試問你想在夏威夷做什麼呢？

「我想在白色沙灘上，看著鈷藍色的美麗大海發呆。」

你要像這樣，**想像一下「自己正在做什麼」**。這時在你腦海中，就會浮現你自己實際在做這件事的畫面。這就是所謂的**「在腦海中讓自己付諸行動」**，如此一來你就會動腦筋發揮創造力。

看到照片還是想不到什麼畫面的人，不妨試著擴大想像一下：「在這張照片的另一頭會是怎樣的景色？」

這時候的你，正在用右腦思考。但是左腦是不是會馬上像下述這樣嘀咕起來：「去夏威夷你知道要花多少錢嗎？」「你可以請假嗎？」「何時要去？現在時機不太對吧？」……當你一聽到注重現實的左腦如此反應之後，也許腦海中就會浮現畫面，「沒錯，根本不可能去夏威夷」，因此斷念了。

但是即便如此，你只要想著「希望總有一天能成行」即可。

這時最重要的，是要用右腦一面想像，一面期盼「希望總有一天能成行」、「總有一天要成行」。

接下來，你要安慰左腦。畢竟左腦是因為擔心你、在乎你，才會像父母一樣過度保護，不希望你會失敗。

所以你要安慰愛操心的左腦：**「別擔心，不會有事的！」**

然後再回到右腦思考，慢慢地增加在腦海中浮現出畫面的時間。如此一來，你就能順利地發揮吸引力法則，實現願望了。

想像是共有的

據說吸引力法則有一大祕訣，亦即「必須想像真的會發生」、「必須想到細枝末節」。比方說，當你想吃巧克力的時候，必須完全活用五感，想像自己品嚐巧克力的模樣。

我認為這就是在「**訓練大腦想像**」。像這樣試著從各種層面想像巧克力之後，就會在腦海中形成鮮明的畫面。

藉由這次想像訓練的機會，說不定有人就會變得很容易想像，所以絕對值得一試。

只不過，對於原本就很擅長用左腦思考的人來說，當他們試圖運用五感從各種角度想像的時候，反而會為了正確重現「真實畫面」導致想太多，大量使用左腦的結果，有些人可能會被**拉回現實**，回過神才突然驚覺：「我現在在做什麼？」

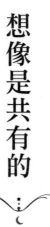

話雖如此，當你想著「好想吃巧克力」的時候，是不是就會在那天收到巧克力，不然就是家人正好買回家，結果真的吃到巧克力？

大腦其實很有趣。你會想到巧克力，有可能是你先想到，或是對方先想到，也可能是同時想到「要送巧克力」這件事，偶而就是會發生這種事。

若要解釋這種情形，我認為**想像不只存在於你的大腦當中，多數的想像都是和許多人共有的**。

還有其他的例子，當你「今天特別想起某人」的時候，這個人是不是就會打電話來給你。無論是誰先想到誰，或許同時想起都無所謂，我深信想像會在瞬間超越次元，將許多人連結起來，而且是一種會連結過去與未來的本領。

雖然以現代的科學，仍無法完全解釋大腦機制，但是總有一天真相大白時，我相信不管是神、另一個世界、靈魂以及所有的一切，都能解釋清楚了。所以現在這世上難以解釋而被視為超自然的現象，總有一天將能用科學來證明。

所以方才提到的巧克力事件，是以巧克力作為關鍵字，動用了彼此的大腦。可見我們的大腦，隨時在發出類似心靈感應的信號，不停運作著。

在《靈氣療法：透過能量翻轉人生》一書中也曾提到，過去有段時間我曾經做過行政工作。每天一直待在辦公室裡真的很無聊，工作也很單調，所以我在休息空檔仰望天空時，總是充滿想像的畫面。

每當白色飛機穿過青空，真的就好像悠遊在空中的魚一樣。

「好想搭上飛機飛到其他地方啊！」「好想搭飛機去工作啊！」那時我都會默默幻想著。我想那時候的我只是因為沒機會搭飛機，才會一直想著總有一天要搭上飛機。

回想起那段時間，每次一想到「好想搭飛機」的下一刻，**我的視線就會稍微往下，盯著飛機內的走道看**。我會想像肯定是座無虛席，但也可能沒有指定座位，而我就坐在後方走道的位子上。就連當時走道是什麼模樣，我都還記得一清二楚。因為我單靠想像，真的搭上了飛機。

過沒多久，我便發現我真的開始因為工作的關係，全國到處飛了。這就是因為**我在運用右腦想像的世界裡，讓自己動起來**。

動腦讓自己在想像的世界裡展開行動之後，隨後就算完全忘記了，大腦還是會印象深刻。大腦這個地方，就是會牢牢記住你的想像。

因為用右腦思考時，大腦會釋放出傳輸波和能量，如同無形的信號。這就和「念寫」十分類似。用左腦將這些想像烙印在右腦之後，想像的傳輸波便會不斷釋放出來，創造出這些想像。我每次都會像這樣解釋給大家聽。

「腦海裡的想像，會存在這個宇宙當中」。這句話就是在提醒你，要活用大腦、善用右腦。

如何消除想像帶來的不安？

正在參閱本書的讀者當中，應該很多都是愛操心的人。

有的人總是非常擔心「想到壞事如何是好？」或是「想到不好的事，結果真的吸引壞事發生該怎麼辦？」這種心情我也頗能了解。

但是請你放心。

人會想到壞事的時候，幾乎都是用左腦在想像。

左腦是活在現實中的腦，所以會去思考「遇到某種情形該如何因應」，預想可能發生的事，企圖緩解你會受到的傷害和衝擊。因此這並不是右腦在想像，而是左腦在向你提出忠告。

所以很多時候左腦都會擔心「這時該怎麼辦？」乍看之下屬於負面思考，卻幾乎不會成為現實。

要讓右腦印象深刻，必須刻意為之。相對於此，左腦不需要刻意去思考，就會想到：「這時該怎麼做？」「如何因應？」「做好心理準備了嗎？」

只不過，偶而還是會發生預感成真的例子。突然想到什麼事，或是感到忐忑不安，這都算是一種第六感，也是所謂神腦的右腦所共有，能透視未來的能力。

這種事情並不常發生，但要清楚辨識可能不太容易。

不知道究竟是不是第六感的時候，請你自己試著深入分析，**這些想像是出現在左腦或右腦**。

掌握訣竅之後，你自己就能清楚辨別：「**這次沒事，這是左腦在擔心**」。

如何分辨不安？

克服突然其來的不安會不會是場硬仗，這種事由你來做主。

「你為什麼會感到不安？」

「這時你會怎麼做？」

「遇到這種情形你最害怕什麼？」

你要自己深入分析，就會明白原因出在哪裡。本來我們就是生活在左腦製造出來的各種「不安」當中。**因為這些不安，人才會暫時停下腳步，慎重思考。**

但是當「不安」的感覺隨意暴衝，真的會很難阻止。於是人才會因為不需要擔心的事情，還有不需要焦慮的事情，而感到坐立難安。如此一來，你的心就會片刻不得安寧。

多數會感到不安的原因，都是**來自心理防衛機制**，為了避免自己感到困擾，以防自己難過。

很多時候左腦只是在思考「這時該如何處理？」自己卻將這種小問題擴大成難以負荷的大問題，才會導致不安的感覺暴衝。**所以將問題擴大的，並非左腦，而是你自己**。

你要試著練習深入分析這些不安的情緒。

比方說去旅行的時候，你可能會擔心很多事情，預想著到了目的地之後會不會「下雨」、「發生意外」、「生病」等等。

這種時候，你應該要這麼想：

「如果下雨的話？」↓就準備雨具。「如果發生意外的話？」「如果生病的話？」↓必須謹慎小心以免發生這些事情。

你應該先做好心理準備，接下來一切聽天由命。如果你能這麼想，你的右腦便會開始毫無設限地擴大想像。

Q 建議在哪段時間練習想像？

A 試著在左腦休息快睡著時練習想像，直到你能掌握訣竅為止。

掌握訣竅之後，從左腦切換到右腦，就像電燈在切換開關一樣，隨時都能切換。但是不擅長想像，一下子就會用左腦思考，實事求是的人，在你掌握用右腦思考的訣竅之前，請試著在昏昏欲睡，快要進入夢鄉的時候練習如何想像。

快睡著的時候，在昏昏欲睡的半夢半醒之間，雖然還有意識卻感覺不到身體，就是練習用右腦想像的最佳時機。人只要一覺得睏了，左腦就會停機，所以想像會變得很容易。

你要用輕鬆的姿勢，趁著昏昏欲睡時，一面在腦海裡想像：

「真想變成這個樣子！」

「好想去○○！」

然後直接睡著也沒關係。

經常有人在想像時睡著了，恍惚之間不知道自己會不會醒不過來，會不會就這樣無法恢復意識，其實你完全不必擔心。

隨著你清醒過來之後，意識自然就會恢復。

Q 無法發揮吸引力讓願望成真，使現實發生巨大轉變該怎麼辦？

A 即便需要一點時間，但是腦海中的想像總有一天會實現。

有人曾經問我，類似「好想吃餅乾啊！」這種比較日常的願望，通常在想像過後很容易馬上實現，相較之下在現實中會出現巨大轉變的願望，比方說：

「好想開烘焙坊！」

「希望身材變好！」

這類願望為什麼卻很難順利實現呢？

我深信一點，雖然可能要花點時間，但是只要用右腦思考，總有一天腦海中的想像一定會實現。

即便你已經感到絕望，覺得「不可能實現」，但是這些已經深植在右腦某個地方的殘留想像會堅定不移，神明都看在眼裡。

譬如你就算沒開成烘焙坊，但還是會以類似的形式，讓你在某一天實現願望。比方說你會在家庭派對上大顯身手端出手作麵包，讓大家吃得很開心，爭相請你教他們如何做麵包。有時候你的願望就會像這樣，在你自己早就遺忘的時刻，用類似的形式讓你實現願望。

Q 在想像的時候總會負面思考，這樣會不會真的實現呢？

A 放心，不會實現的。因為左腦只懂得擔心，右腦只會想到幸福的事。

承前所述，當你老是想到不好的事，「要是變成○○的話該怎麼辦……」，也許就會擔心引發不好的事情。

其實不會發生那種事，請你不用擔心！

人活在這世上，會不安或擔心都是天經地義的事。

但是當你回顧人生，肯定會發現過去的自己雖然對未來前景那樣地惶恐不安，如今卻還是安然無事吧！

所以我認為，**人活在這世上，凡事總會船到橋頭自然直**。

有人因為小時候或過去受到的傷害，至今仍留有心理創傷。也許就是因為這樣，才會讓你無時無刻惴惴不安，所以愛操心的人，總是左腦全力作動，一心想著「必須好好保護自己」。擔心「事情要是變成這樣就糟了」、「不希望未來變成這樣」的心情，才會讓人感不安及焦慮。而且這些不安及焦慮，其實都是左腦的產物。

所以你也可以將增加右腦思考的時間、快樂想像的時間當成一種訓練，日後你就會發現你的轉變。

這是因為右腦只會想到幸福的事，使人感到安心、獲得平靜。所以當不安的感覺湧上心頭時，你就要切換到右腦。**讓右腦思考的時間逐步增加，你就會感覺到「我很幸福、很安心、很平靜」**，就能充滿信心地度過每一天。

雖然這部分毫無根據也無法保證任何結果，但是你只要想著「一切沒問題」，就會神奇地讓你充滿自信。這是因為右腦的能量信號開始產生，而能夠**使你培養出自信**。

愛操心會讓人疲筋力盡，使人無法隨心所欲善用右腦思考。

但是反過來過於樂觀，一直使用右腦的話，也會讓人很難在這個現實世界中生活下去。

左腦是用來活在當下的能量。
右腦是用來創造未來的能量。

明白這點道理，靈活運用左右腦，你的人生就會從這一刻開始充滿無限可能。

第3章

讓願望成真的想像實作練習

讓自己不再為錢所困

「想變成有錢人」，這在每個時代都是大家不變的心願。

每個人對於如何變成有錢人的想法都不一樣，可能是「希望中樂透」、「希望老公的獎金加倍」、「希望店裡的業績上升」。

假如你現在看到一直辛苦賺錢，似乎頗有積蓄的人，也許會感到「很羨慕」，也可能覺得「自己過得真慘」。但是這些看似富裕的人，恐怕有一些不為人知的內情。我們不會知道這個人在過去過著怎樣的人生。比方說就算他家財萬貫，**說不定卻懷抱著不為人知的悲慘過去**。

我認為人生在世，沒有人不會為錢所困，只是程度上的差異罷了。

再加上新冠病毒長時間肆虐之下，我想很多人都是坐困愁城。

除了金錢之外，還有家人、健康、工作、自然災害……令人擔心的事情無窮無盡。

回顧我自己的過去，我在三十幾歲、四十幾歲時，也常因孩子的事傷透腦筋，當時正是孩子很花錢的時候，也是我家經濟最拮据之際，所以我拼了命地工作。

雖然工作很辛苦，好幾次都想辭職，但是一想到錢的事，就只能打消離職的念頭。後來到了五十幾歲，變成父母的事讓我越來越擔心。

如果錢會從天上默默掉下來的話，也許每一天的日子就會過得很快樂。

但是不管再快樂，**假如每天都很快樂的話，快樂的事就不會再帶來快樂了**。我想很多人早就明白，萬貫家財未必就會擁有幸福。

其實「想變成有錢人」的心願，背地裡真正的想法，應該是不再為錢所困，想要過著平穩的生活吧！

我們都會向未來尋求一些承諾。總是希望未來能保證「一切平安」。但是在人生中並沒有承諾這件事。因為任誰都無法知道，何時將發生什麼事。

即便如此，我還是覺得不必擔心。應該說，你要讓自己放心。既然如此，請你告訴自己，同時也要對未來的你說同一句話：

「放心，你的未來不必擔心。」

你可以想像一下，在右腦描繪出願景，「我希望過著平靜的生活」、「我想擁有愜意的生活」。

這時候左腦可能還是會苦口婆心地勸說：

「什麼事情不必擔心？」「憑什麼可以過平靜的生活？」「你有存款嗎？」「你覺得光靠年金日子過得下去嗎？」

「即便如此還是不必擔心」，請你用這句話不斷地向未來的自己打氣。**安心的感覺，就是放鬆心靈徹底解放**。如此一來，內心就會怡然自得而能勇往直前。

過去的我，根本無法向自己說這句話。總是愛操心，一直讓自己生活在不安之中。

如今想來，明明是我的人生，明明是我的心靈，我居然對自己做出如此殘忍的事。

所以我都會對現在的自己說：

「Ｍａｓａｙｏ妳放心，妳的未來不必擔心。」

現在也要請你出聲跟自己說：

「放心，你的未來不必擔心。〇〇〇會沒事的。」

這就是讓人放心的魔法。用右腦告訴自己「不必擔心」之後，真的就會沒事的，十分神奇。

不再為錢所困的想像練習

❶轉換成宇宙腦。（第38頁）

❷假如你現在因為經濟問題感到不安，就向過去的自己說：「你的未來不必擔心」，讓自己吃下定心丸。

每個人都會覺得，過去的人生「充滿苦難」、「十分辛苦」。但是你現在已經「不必擔心」了。

正因為如此，現在你才會像這樣出現在這裡。請你在腦海中回想過去的自己，再告訴自己「你的未來不必擔心」。

❸你也要向未來的自己說：「你的未來不必擔心」，讓自己吃下定心丸。

十年後、二十年後，你想過著怎樣的生活呢？

「希望能常保笑容」、「希望居住在大自然環繞的環境中」、「想要悠閒地編織」……不管你想怎樣都行。請你試著在腦海中隨意想像。

可以的話，再動腦想想看自己到時候的模樣。

※如果你是實事求是的左腦人，先問自己「現在存款有多少？」，跟自己說「已無能為力」，最後再告訴未來的你，「擔心是正常的，但是過去也都平安度過了」、「雖然毫無根據，但是會沒事的」，讓自己「不必擔心」即可。

❹忘掉腦海中的想像也沒關係。

與故人對話

以前我曾經提供個人諮詢的服務，那時真的有很多人問我能不能看到已經去世的人。

「不知道去世的親人在天上過得如何？」「不知道還有沒有想說的話？」活在世上的家人都會十分掛念。

遇到突如其來的死別，例如因病去世、遭逢意外、自殺等等的情況，總是會讓遺留下來的親朋好友充滿悲傷而不知所措，心情難以平復。

被遺留下來的親人，每個人的感受以及面對事實的方式各異，有時難免無所適從，心情難以調適，因而千頭萬緒，大家在無計可施下，才會尋求我的協助。

但是回頭想想，家人應該是最了解亡者的人。你們身為亡者的家人，**亡者在想什麼，希望你們怎麼做，多數人早已了然不惑。**

每次我在傳達亡者的話時，大家都會說「真像父親、母親的口氣」、「我就知道祂會這麼說」。

就像這樣，大家是不是都會有這樣的感覺，「我就知道去世的母親一定會這麼說」、「我認為父親不會希望這麼做」。

說法幾乎不會有出入，總之意見都是一致的。

與故人連結，和深愛的故人對話，並不是很困難的事。所以你不必大費周章去向心理諮商師、靈媒或女巫求助。

當你心裡有疑問的時候，請你在腦海中想著故人，再試著向祂提問：「如果是父親的話，你會怎麼說呢？」「母親，妳有何看法呢？」

與故人對話的想像練習

❶轉換成宇宙腦。（第38頁）

❷假如你有事情想詢問深愛的故人，請你試著與祂產生連結。

請你試著在腦海中想著你想對話的人。

你也可以將生前來不及說的話告訴祂。

如果你有心事，而這時感覺父親或母親就在身邊的話，你可以像下述這樣問問看：

「我正在煩惱〇〇的事，我該如何是好？」

有時候並不會在當場出現具體的答案。

但是你深愛的故人，無時無刻都會盡全力守護你。請你放心回歸日常生活吧！

❸忘掉腦海中的想像也沒關係。

這次是以練習的方式為大家說明，其實不管你身在何處，只要想著故人並將雙手合十，你的思念以及心願就會完整傳達。

看著庭院中綻放的水仙，有時是不是會想起「這是奶奶最喜歡的花」。像這樣回憶的想像就會運用到大腦，也會在無意識中與故人連結。

即便祂的肉體消失了，但是祂對你的愛永遠都會守護著你。

想知道寵物在天堂過得如何

寵物也是家人，失去牠們的時候，家人的悲慟絕對是超乎想像，不能自拔。相信現在這個當下，也有人正在悉心照護這個小生命直到最後一刻。

飼主總是希望，能和寵物多相處一天也好，至少能讓牠們少點痛苦，所以才會想盡辦法帶牠們去看醫生。心裡會想，盡量能做什麼就做什麼。等到寵物上天堂後，非常多的飼主卻會責怪自己，「那孩子討厭上醫院，我還餵牠吃了一堆藥，一直強迫牠做不喜歡的事，反而好像害牠受了不少罪」。

但是寵物其實都明白，「因為生病了才要上醫院」、「為了讓病情好轉才要吃藥」，**所以你不必自責。**

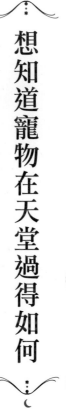

害牠吃苦之後，你可能會感到後悔，覺得自責，但是寵物雖然「排斥」，卻完全明白你的用心，所以你也要好好體諒牠的心情。寵物完全能夠感受到，你和家人為了牠竭盡所能付出一切，給了牠完整的愛。

和人生活在一起，獲得寵愛的寵物都過得非常幸福。**因為牠們都懂得愛與被愛**。愛就是信賴、關懷，以及安心的感覺。牠們能明白這些道理，所以感到十分滿足。

當寵物回到天上時，是以自己最健康的姿態回歸。

而且牠們會常常回到我們身邊。被當成家人、孩子，備受愛護的動物，就是如此。

你的寵物，有沒有偏愛的固定位置？牠就會窩在那個地方，待在你的身邊。

這不代表牠並未升天，**而是因為彼此會感到心安**。所以很多毛小孩都會這麼做，牠們會想在自己消失的日子裡，對牠們而言則是你不在身邊的日子裡，依舊陪在我們身邊，直到彼此開始習慣為止。

就和人類死亡一樣，離別之刻突然造訪時，真的會令人難以承受，也有很多人一直沉浸在失去寵物的悲傷之中。

無論你如何盡心照護生病的寵物，還是會感到遺憾，比起能夠照顧生病的寵物，在沒有任何心理準備下失去寵物，更叫人痛苦萬分。

有時甚至會自責，為什麼沒有察覺到生病的徵兆。「如果我不是牠的主人，牠應該會過得更幸福吧？」說不定你還會出現這樣的想法。即便如此你還是深愛著這個孩子，你也被上天堂的牠深愛著。你已經善盡你的職責了。

牠完全能夠感受到你的愛。

寵物都會比飼主早走一步。就算寵物的生命短暫，過去被人寵愛、自己也付出大量的愛、與深愛的主人共度的幸福回憶，全都是自己活過的證明，所以牠們是心滿意足地回到天上去的。

透視寵物天堂生活的想像練習

❶轉換成宇宙腦。（第38頁）

❷想想看回到天上、回歸本源的寵物現在在做什麼？身體健康嗎？會不會肚子餓？然後再試著用右腦想像一下。

「你的寵物在做什麼事情的時候最開心呢？」吃零食的時候？散步的時候？在寵物公園奔跑的時候？

「你的寵物平時休息的姿勢是什麼模樣呢？」以前會肚臍朝天曬著太陽睡覺嗎？過去會聽到打呼聲嗎？

「不知道現在過得如何？」突然出現這個想法時，如果你會回想起牠充滿活力的模樣，牠現在大概就是一樣的狀態。

❸縱使忘掉腦海中的想像，寵物還是會一直很幸福，所以你不必擔心。

關於靈視、靈聽

「有時候別人看不見也聽不見，卻只有自己看得見和聽得見」，這種能力也稱作靈視或靈聽，其實擁有這種能力的人出奇地多。

從小開始，平時就習慣用右腦（神腦）思考的人，即便你不想去聽也不想去看，有時就是會看得見和聽得見。

尤其在小的時候，不是又白又可愛的物體穿過眼前，就是金色球體橫行而過，也經常會看見火神、山神和成群的精靈。而且在長大成人之後，只要刻意用右腦思考，還是看得見這些東西。

除此之外，剛去世沒多久的人，就算肉體消失了，依舊保有肉體的能量，因此也容易看到亡者的模樣。

人去世後，大約經過五十天左右，大量的能量會重返天上。先前包覆在肉體上的能量，等到肉體一消失，就會變得十分輕盈，所以才會不停往天上飛去。

常聽人說，「有某些幽靈的存在」、「有無法升天的靈魂」，我都會向大家解釋，這是生命體在持有肉體的狀態下「殘存的記憶」。

譬如我們無法痛苦地生活在水中，同理可證，當肉體一消失，生命能量（靈魂）也無法待在這個世上。

只是當某人想起祂或呼喚祂，祂就會來到身邊，不過生命能量（靈魂）沒有重量，所以無法長久待在這世上。雖然你會覺得你是透過肉體的眼睛及耳朵，看見或聽見了這些生命能量，但是肉眼只能反映出實體，人的耳朵也只能聽見真實的聲音。

這樣說來，究竟是透過哪個部位看見的呢？**其實你看到的是反映在腦海中的畫面。**

有時候眼睛看不見，卻會反映在相機的鏡頭裡，其實鏡頭就和肉眼一樣。所以就像在轉印鏡頭裡的畫面，才會在腦海中浮現並使你看見。

依照我的說法，會稱作無形之光。我認為「**這世上沒有可怕的東西**」。

如果在沒有人的屋子裡，聽見小孩子跑來跑去的腳步聲，有的人會認為是座敷童子，將帶來好運；有的人則會認為是無法升天的小孩幽靈，必須好好供養。

雖然聽見了相同的腳步聲，但是**每個人的認知卻不一樣**。

當你深信幽靈和另一個世界很可怕，不管你看到什麼聽見什麼，就會覺得那是很可怕的不祥之物。

所以當你能看得見、聽得見之後，你必須先消除心裡的恐懼。否則你會自己嚇自己，如果是別人看得見、聽得見的話，你會害對方感到害怕。

希望你明白，「看得見、聽得見」對於安定人心其實是非常重要的事情。

如何解釋神之使者的工作與深度出神狀態？

前文提過，只要轉換成宇宙腦，就能進入輕微的出神狀態。輕微的出神狀態可以應用在許多方面的心靈感應，例如在腦海中看到想像的畫面、透視以及通靈等等。所以不必進入深度的出神狀態。

話說回來，深度出神狀態究竟是怎樣的狀態，其實就是自然而然只聽得見神的聲音（並非耳朵實際聽得見的聲音，而是傳到大腦的聲音），即便是人的氣息或是聲音傳到耳裡，你也不會有所察覺的狀態。

我在先前執筆的書籍及部落格中，都說過同樣的話：「神握有神繩，操控著我們的一舉一動。」

所謂深度出神狀態，就是這種被神繩操控的狀態。深度出神時，就是神手握神繩操控著我們的一舉一動。

有一次我和朋友一起去旅行，一心只想著玩樂，出發前對旅程充滿了期待。只是神偶而會有不同的想法，**某時某刻祂會突然改變目的地，差遣人為祂辦事**。

以前我就曾經在旅行時發生過這種事。我和幾個同伴原本計畫去宮古島，沒想到前往宮古島的航班全部取消，一時之間只好改去宮崎找朋友。

我們前往高千穗的天安河原，來到瀨織津姫神社祭拜，三年前我就是在這裡聽見了敬神的「奉納歌」。回想起當時，我側耳傾聽著來自天上的旋律，一面走下階梯，所以並沒有注意到腳下，這次重新走過一回，才發現階梯的坡度陡如懸崖。

我雙手合十向瀨織津姫報告，我花了三年時間才讓世人聽見了「奉納歌」，突然間，遠方竟雷聲大作。後來又打了幾聲雷，同時一句鏗鏘有力的**「快來」**傳進我的耳裡。

隨後一名友人便提議：「我們可以去向山神社嗎？」也就是說，神無論如何都要帶我到那裡去。

於是我們便決定在日落前抵達向山神社。數度在瀨織津姫神社聽到的雷聲，就是從山上的向山神社那頭傳來的。

我們開著車，在狹窄彎曲的山路上奔馳。沿著看不見盡頭的山路前進，終於抵達之後，時間已經超過傍晚五點半了，畢竟是在山上，四周早就一片昏暗。

不過到拜殿之前還有近五百階的陡梯要爬上去，所以，開始在天色昏暗步步驚魂下，大家都是結伴同行。沒想到我眼前卻出現一個人影，催促我「**快一點**」、「**加快速度**」，隨後人影便消失了。

不知不覺我單憑著這個聲音，一個人一口氣登上了又長又陡的階梯。

當時我處於在神繩操控下的出神狀態，所以完全不記得了，後來才聽說我速度之快，同行友人根本望塵莫及。

處在深度出神狀態下，自己並不會意識到人身處於懸崖邊的場面有多驚險。所以我都會盡量避免一個人前往。

「神繩」下的神之使者

向山神社是當地居民的信仰中心，當時是我第一次到此參拜。神社裡供奉著許多神明，想必原本就是眾多修道者潛心修行之地。前來參拜的人並不多，神社內十分寧靜。

如果是以前，神明也許會希望保持寧靜。但是現在神明並不希望如此。神明似乎希望有人來參拜，讓這裡熱絡起來，變得人聲鼎沸。

不知不覺間，我們一心只想著得到神明保佑。但是與此同時，**我們也必須守護神明才行**。

只要許多人雙手合十祈禱，神明的力量便能大增，我們就會變成神明的守護者。

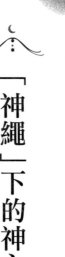

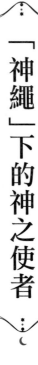

向山神社的神明，教會了我這個道理。當時我就有一個想法，現在該是我們「守護神明」的時候了。

所以請大家在參拜時向神明許願之後，最後再說一句：「**希望神明未來也會幸福快樂！**」

這句話我也經常透過部落格等方式告訴大家。請大家日後到向山神社或寺廟走走時都要這麼做，我會非常感激大家。

神明也會跟我說，大家若能繼我們之後到神社參拜，神明會感到十分欣慰。所以神明一定也會保佑到神社參拜的大家。我們在向神明參拜時，必然會在不同空間來回於異次元。但是我們並不會一直處在異次元，現在的次元與異次元會在瞬間相互交錯，發生無法解釋的事情。所以據說同樣來此參拜的人，遭遇神祕事件的比例非常之高。

「想要與神連結」、「想擔任神之使者」，很多的人都有這樣的想法。相信神明也會很開心你有這個意願。現在神繩的實作練習已經從天而降，馬上由我來為大家說明。

神繩的練習

❶轉換成宇宙腦。（第38頁）

❷有條繩子從天而降，這是神繩。請你在腦海中想像一下。

「這條繩子是什麼模樣？」

「什麼顏色？」

「有多粗？」

這條神繩越來越靠近你。而且緊貼在你的百會穴、頂輪的地方。請你想像自己變成了神明的傀儡。

有的人也許會覺得身體變得輕飄飄，彷彿被人往上拉，就像搭乘熱氣球去旅行一樣。感覺會因人而異，只要你能想像自己與神繩緊緊相連就行了。接下來請跟著這樣說：

「神明請您差遣我，請讓我為您辦事。」

請將你的想法如上述所言告訴神明。

❸忘掉腦海中的想像也沒關係。

每次進行這項神繩的實作練習，就會莫名加深你與神佛之間的緣分。當你完全沒有意識到，甚至忘記自己是神之使者時，神繩就會為你指引方向。

當你在神繩引導下來到神社或寺廟之後，請你要「感謝神繩的指點」，並誠心參拜。

關於神聖曼荼羅能量

所謂的神聖曼荼羅，是由生命之花的幾何圖形加上六芒星所組成。

當時我還沒有在文化中心開設「透視通靈研討會」的講座，所以是七、八年前發生的事。我三番五次感應到「生命能量」一詞，於是我用電腦搜尋，結果出現了大型的生命之花圖騰，並在我眼前釋放出能量。後來無形的能量引領我，利用生命之花加上六芒星的圖騰，搭配上「生命能量」這句真言進行治療。

幾何圖形數不勝數，而且這些幾何圖形都具有一定的能量。除了一直看著這些能量，我還學會了如何運用這些能量。後來我便透過部落格及書籍，將神聖曼荼羅能量介紹給越來越多的人。

神聖曼荼羅的「球體形象」，要以立體的方式想像成球體，再單用右腦想像球體融入我們體內，如此一來即可發揮作用，改善我們身體疼痛的部位。

只要你能好好運用，**你不但能自我治療以及治療你深愛的人，還有助於緩解疼痛**。

不過我發現，很多人都覺得難以在腦海中將這個神聖曼荼羅圖騰想像成球體。

因此我在次頁附上了立體化的神聖曼荼羅。

雖然以３Ｄ的方式描繪還是很難看得出球體，但是我要提醒大家，使用神聖曼荼羅能量時，務必在腦海中將圖騰立體化。

〔神聖曼荼羅〕

神聖曼荼羅能量的練習

❶請你橫躺在沙發或床上。

現在請你試著從鼻子慢慢呼吸。請你想像自己將注意力集中在右腦，再慢慢地呼吸。

❷請你看著右頁的插圖。

請你念出「生命能量、生命能量、生命能量」這句真言。

每次呼吸時，都要在你周遭造出神聖曼荼羅圖騰。現在你就身處在神聖曼荼羅圖騰當中。

在神聖曼荼羅裡，你會呈現無重力狀態，舒服地飄浮起來。說不定你出生之前就是這樣，可能還是個胎兒。請你試著再次回到這個狀態。

❸現在要忘掉你的肉體。讓你的身體飄浮起來。

在這個感覺舒適的空間裡，你的身心會得到治癒並回復健康，而且會逐漸充滿能量。這裡是你十分懷念的地方。

「歡迎回來！」就這樣永遠待下去吧！一直待在這裡吧！你可以在這種狀態下，想像幸福的未來，也可以就這樣舒服地睡著。

你不必請別人來治癒你，你可以隨時融入你的神聖曼荼羅能量圖騰當中，為自己充電，調整身心。

第4章

神明想像實作練習，盡情釋放心靈能力！

試試神明書記的工作

大概是九年前發生的事了。當時我正在展開透視及通靈講座，教大家自動筆記的作法。

這是利用宇宙腦，從宇宙、從神明下載訊息的方法之一。完全不同於宇宙語、宇宙文字這類既有的語言，你必須直接解讀前所未見，類似圖騰般的文字再記下來。

在這段過程之後，許多人都會驚嘆，「自己居然具備這樣的潛在能力」。

接下來的實作練習已達高階程度，也許會有些難度，但還是請大家務必挑戰看看。

現在馬上就來試試看吧！

下載「宇宙文字」的練習

❶轉換成宇宙腦。（第38頁）

❷在你的腦海中想像宇宙。

可以是藍色的宇宙，也可以是昏暗的宇宙，請你想像你身處於滿天星空之中。難以想像滿天星空的人，你可以想像身在天文館內觀看天花板的星星，或是請你實際到天文館去觀賞。想像椅背倒了下去，你正悠閒地觀看著星空。

❸在想像的宇宙中，找出一顆你喜歡的星星。

你喜歡的會是哪一顆星星呢？這顆星星可能體積很大，也可能帶有顏色。請你放鬆心情，將注意力轉移到這顆星星上。

❹請你進入這顆星星當中。

你越來越靠近這顆喜歡的星星。星星逐漸接近你。轉眼間星星便來到你的眼前。

你對眼前這顆星星有什麼感覺？

星星的顏色及明亮度，是不是和距離遙遠時感覺不同？

你可能會覺得霧茫茫的，就像月亮一樣。

現在請你試著進入這顆星星當中。

❺試著與聖人（外星人）對話。

你在星星當中看見了什麼景色？有看到什麼人嗎？

這個人說不定就是你認識的聖人（外星人）。

請試著隨便和這位聖人（外星人）說幾句話。

如果你說「我回來了」，說不定對方會回你「我等你很久了」。

然後可能會緊緊擁抱你。這顆星星就是你溫暖的歸屬，「你的星星」。

❻試著在「你的星星」立起手指當作天線。

接下來要動一動你的手。現在要實際用你的手接收文字。

你聽說過「狐狗狸」（傳說為動物靈的占卜，源自西洋「桌靈轉」占卜，玩法類似錢仙）嗎？狐狗狸會讓你放在桌上的手自己動起來並指出文字，據說可以問出許多事情，不過這次作法不同。這次你的手雖然會自己動起來，卻會寫出你看不懂的文字。我稱這些文字為宇宙文字。這時候你不必明白這些宇宙文字有何涵義也無所謂，而且你根本不需要企圖去理解。

現在你已經進入「你的星星」，然後你要立起天線。

你只要將注意力放在「你的星星」（這時就像是站在星星外頭觀察一樣），或是專心地待在星星當中。接下來，再將你的慣用手實際張開。

手指就是你的天線。請你將手指朝向想像中的「你的星星」，或是朝向聖人（外星人）。你一定會有某根手指感覺刺刺的，或是出現反應。請你先找出這根手指。這就是你的天線手指。

❼試著寫下宇宙文字。

確認天線手指之後，將這根手指對準星星（請將注意力朝向星星，天線手指也朝向星星）。天線手指對準星星後，直接將你的手臂高舉，然後請你想像星星向自己的手臂發出「開始動作」的指令。命令你的手臂「開始動作」。活動手臂的地方並沒有限制，不管在什麼空間，甚至你也可以放在桌子上做動作。

手臂不會動的話，可以先試著慢慢地動一動，就像在助跑一樣。這時請不要想著要寫出文字。請你記住，你就像手臂被什麼東西拉扯操控一般，你只要讓手自由活動。

在這段過程中，可能有人會畫出波浪狀、○或△，甚至是∞（無限）的形狀。你完全不必思考形狀有何涵義，請你繼續將注意力放在天線手指上，試著動一動手臂。

❽區分出每一個文字，搞清楚文字的涵義。

畫出來的文字可能會連在一起。請你試著將連在一起的文字一個個區分開來。請你試著下達命令：「變成一個個的文字。」

接下來如果手臂還是自己動起來的話，偶而請你用另一隻手壓制動個不停的手，並向星星或外星人詢問這個文字有何涵義。

即便外形怪異完全看不懂的文字，應該也會以代表「人」、「自然」、「光」等涵義的單字從天而降。

❾掌握訣竅之後，請你試著拿筆寫在紙上。

確認天線手指之後，你還可以試著握住筆寫在紙上。

握筆時要特別留意一點，就是注意力不能放在筆上，而要專注在天線手指上。你只是輕輕握住筆。

區分出每一個文字寫下來之後，接著再試著通靈解讀涵義。你會意外發現，自己前所未知的有趣事情將從天而降。

自行決定連結點

人在透視、通靈或自動筆記時，都會不自覺想到「該連結到哪裡？」「該與誰連結？」，擔心連結點的問題。

還有人會提到高次元、低次元，以及高級靈與低級靈這方面的說法。但是會提出這套論點的人，不一定都是與高次元連結。如果身在高次元的世界，根本不會提出如此令人不安的言論。

我一直認為，**我們生活的這個地球，就是高次元的世界**。

地球上有太陽、有植物、有水，還能製造出空氣，是一個難能可貴的星球。地球孕育出我們，讓我們生存在這裡，如果你不覺得地球是高次元的世界，你覺得什麼東西、哪個地方、怎樣的人才算是高次元呢？

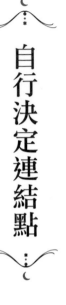

人可以自行決定要與何處連結通靈。

舉凡神明、宇宙、任何一個星球、黑洞、故鄉，全都是同一個本源。

自動筆記的目的，並不是要讓你的手自行動起來，而是要你寫下難以理解的文字，向無形的東西詢問這些文字的涵義，並且讓內心感到滿足。這點非常重要。

所以自動筆記並沒有非怎麼做不可的規定，也毫無方法可循。也許有人會感到困惑，「完全無法了解文字的涵義」，但是就是要由你來找出文字的涵義。在這段過程中，你就會開始明白你要相信自己。

重點並不是你會不會自動筆記，或是你能不能通靈，而是**你能不能相信自己**。因為只有你才能將你的能力，發揮至最大極限。

試著用宇宙語說話

對宇宙語感興趣的人，希望能使用宇宙語的人，似乎越來越多了。

宇宙語在某些地方十分類似嬰兒的牙牙學語。很像某一國的語言，卻又不是某一國的語言，所以被稱作宇宙間的語言、宇宙語，也被稱之為「光語」。

宇宙語是一種我們尚未投胎到母親肚子裡，未成型時的聲音。大概是因為這樣，有時候這種聲音聽起來會覺得十分懷念。

這也是屬於自動筆記與通靈的一種，**在某個地方，將注意力投注在某人身上之後，聲音的音調、大小、速度也會變得不一樣。**

十年前，我在仙台文化中心上透視解讀的課程時，有一名學員就會說宇宙語。當時聽到他的聲音，讓我回想起小時候一個人躺著仰望天空時，曾經一陣胡言亂語。那時候，我覺得喉嚨好像有東西卡住，不過我會突然脫口而出宇宙語，是因為當時到鄰里的活動中心參加了瑜伽體驗課程。

瑜伽老師為了學說宇宙語，甚至千里迢迢去上課。當時聽到老師說的宇宙語之後，我的喉嚨再次癢了起來。這次好像有一大塊東西卡在喉結和喉結周圍，但又不會覺得痛，只是感到有異物，喉嚨癢癢的。

後來我回到家，就在泡澡放鬆時，腦海浮現出夜空的畫面，結果喉嚨又癢了起來，後來竟發現我就像瀑布傾洩而下一般，一口氣從嘴巴冒出了停不下來的宇宙語。

後來我重新回想，那時究竟說了哪些宇宙語呢？

宇宙語類似牙牙學語，並沒有一般語言的刻版印象。

如同喉嚨發聲演奏出來的宇宙語，我自己聽起來就是**自我療癒的聲音**。後來我一聯想到宇宙，宇宙語便會從喉嚨一湧而出。

在這段時間裡，我發現不管是公園的樹木花草及動物，都有各自的聲音。於是我開始思考，如果能夠演奏出自己的聲音，不是就能自我療癒了嗎？

那麼該如何發出聲音呢？以我的理解是，必須靠想像的方式讓意識逆行，回到**零點**的狀態。

關於零點的解釋眾說紛紜。也有人稱作「zero-point field」，意指「一切就在一無所有之處」、「此時此刻就是存在一切的能量場」。雖然仍在假設階段，但是據說宇宙的過去、現在、未來的一切資訊，都已經被記錄下來。

我認為能讓自己回到什麼人也不是的零點，就是逆行回到誕生的那一刻，這裡就是起點，就是零點。

不可思議的是，當我一回歸原點，瞬間便香氣大作。我無法具體形容「那是何種香味」，總之是令人懷念的味道。勉強形容的話，是類似淡淡薰衣草香摻雜了柑橘香，但是味道又明顯不同。並不是用鼻子聞得出來的香氣，而是在腦海中，用右腦感覺到的懷念香氣。

現在馬上就來試試回到原點，用宇宙語說話吧！

用「宇宙語」說話的練習

❶轉換成宇宙腦。（第38頁）

❷請你在頭頂上立起天線。

現在你的頭頂上長出了角。

請你想像這樣的畫面。

正好位在百會穴的地方。請你試著收下巴，好好地觀察頭頂上的角。是怎樣的角呢？大小如何？高度如何？是什麼顏色，摸起來感覺如何？

角就是下載宇宙資訊的天線。

❸請你試著從宇宙下載資訊。

請你將後背挺直。開始從一根角下載宇宙的資訊。大量的資訊。

就像流動的河水閃閃發光流進了你的體內。

在這當中，有許多類似圖騰、類似你個人資訊膠囊的東西流進體內。請你試著直接觀察這些東西流進體內的樣子。

你的頭漸漸變得沉重起來。

閃閃發光的資訊，通過了額頭後方、鼻子深處、喉嚨深處流到胸部一帶，傳到了心輪周圍。

請你想像大量資訊傳到了你的胸口一帶。

你的胸口一帶，因為大量的宇宙資訊而大幅膨脹。

胸部已經滿載，現在就快要撐破了。

你也可以想像散發出七彩光芒。

接下來，請讓宇宙資訊從心窩下載到肚臍後側，直到丹田為止。

彷彿讓流動閃耀的資訊，遍布你身體的每個角落。

方才已經做過了神繩實作練習，只要將神繩想成角的形狀就行了，你也可以直接想成神繩。

如果能想像成天線，那也無妨。

❹請你回到自己起點、零點。

用四個三角形將自己的身體包起來。

就像插畫一樣，有一個底邊位在肚臍一帶朝上的△（三角形）、有一個底邊位在胸口一帶朝下的▽（三角形）、左右各有一個底邊在身體正中央的△（三角形）。請你感覺自己被這些三角形包圍起來。

朝上的△（三角形）與朝下的▽（三角形）重疊的地方，就是你的零點。

❺請你融入腦海中浮現的圖騰，或是第90頁的神聖曼荼羅。

假如你在此時有想到哪些圖騰，請你試著讓四個三角形完全融入其中。

如果你沒有想到任何圖騰，請將第90頁的神聖曼荼羅融入四個三角形裡。

❻試著說出宇宙語。

現在請你將脖子往後倒，使喉嚨位於脊椎上方。

請你試著回想一下寫宇宙文字時，你已經認定的「你的星星」（第96頁）。請你將注意力放在這顆星星上。

如果手臂有寫出任何文字的話，請你試著發出聲音念出來。可能也會有人寫不出文字，卻自己發出聲音來。

總之最重要的是要發出聲音。

請你慢慢地，分別將一個音一個音念出來。

掌握訣竅之後，請你先試著發出三個音，再將這些音連起來。

發出聲音之後，就算脖子回到原位，你還是能夠直接發出聲音。

可能有的人一開始就能順利發出聲音，有的人卻無法辦到。

但是在訓練的期間，只要你真的去眺望夜空，用想像的方式在腦海中浮現夜空的畫面，並將注意力放在「你的星星」上，你就能開始發出不可思議又令人懷念的聲音。

除了向「你的星星」以及住在那裡的外星人攀談之外，請你試著對神明說話，並且趁現在回憶故人和他們對話。相信這些聲音會徹底治癒你。

說不定有人會突然意識到某些事物，並由此接收到某些訊息。所以請你盡情地體會看看。

在你的記憶深處，一定潛藏著許多不屬於這個地球語言的聲音。

宇宙圖書館是黑洞保留的記憶

愛德加・凱西（Edgar Cayce）是一位能在睡夢中通靈的知名通靈者，也是名預言家，他說過「宇宙間存在類似圖書館的地方，他都會在睡夢中來到這裡取回資訊」，後來宇宙圖書館一詞才因此聲名大噪。

許多人於是對這個宇宙圖書館充滿好奇，不但會研讀書籍設法前往宇宙圖書館，甚至加入研討會。

只不過，似乎還是無法到達宇宙圖書館。

其實大家都想前往的宇宙圖書館，我並不認為是同一個地方。**我一直覺得，每個人的宇宙圖書館都不一樣**。

因為我們脫離肉體後看見的宇宙，還有出生時降落在類似舞台的地方，甚至於脫離肉體回歸光之本源途中的宇宙空間，都會因人而異。因此對於每個人來說，所謂的本源雖是同一個地方，但是宇宙圖書館卻會因人而異，我認為這點無庸置疑。

十年多前，有段時間我都是先問姓名，再透視對方的未來及過去。

當時有名女性來找我諮詢。她說想和目前正在交往的男朋友在一起，卻遲遲無法進展到下一步，於是希望我看看他們的未來會如何。

當時候，我的作法是透過諮詢者的姓名，再從宇宙接收訊息。

每次我在腦海中想像宇宙，在昏暗空間裡就會出現一處刺眼的地方，孤零零地被燈光照得通明。這個地方的外形就像巴士，隨後我會乘坐上去。就在我猶豫著「不知道接下來要往哪兒去」的瞬間，這輛看似巴士的交通工具，轉眼間就變了形狀。

我飄浮在上下一望無際的空間裡，完全看不到盡頭。

緊接著，從一片昏暗的空間浮現身影，是身材高大的男人與小個子的女人。後來我發現，小個子的女人就是諮詢者，另一個身材高大的男人，則是她想結婚的對象。

隨後在我腦海中一再閃過影像，畫面不停變動，就在此時開始冒出各式各樣的場景。

比方說，出現了這個男人未來居住的街道景色，但是這和女人身處的未來情境卻不相同。她雖然想和男朋友在一起，可是未來二人眼中的風景、居住的地點並不一樣。

每次我在提供諮詢時，都會像這樣搭上腦海中浮現的巴士，來到一片昏暗的空間。

如今我仔細思考之後，開始出現一種想法：**這個地方應該就是黑洞，就是大家一直想前往的宇宙圖書館**。

既然被稱作宇宙圖書館，難免會想像成有形的東西，事實上它卻不具形體。只不過會在這個地方形成不同的模樣。

資訊。

我認為，每個人應該都會有自己容易登入，方便讀取資訊的地方。有時會如愛德加．凱西，聚光燈會照在黑洞裡類似圖書館的地方，他可能從這裡才容易讀取到資訊。

現在回想起來，我覺得十年前的我，是依照「搭上巴士，飄浮在一片昏暗的空間……」這段過程，**讓大腦呈現輕微的出神狀態**。

我認為，這就像是進入透視之前的準備動作。

現在我覺得，我已經不需要做任何準備動作了，但在當時，我應該是覺得自己必須做好準備才能開始透視，所以才會搭上宇宙的巴士，前去觀看畫面。

慢慢地，自從我發現不用再刻意想像該前往何處，瞬間就能透視之後，我就不再做準備動作了。

現在我為了讓大家也能容易透視，才像現在這樣在書中將準備動作寫下來，但是過陣子大家應該就不需要這麼做了。

有一個專屬於你的宇宙圖書館

現在我的看法是，所謂的宇宙圖書館或宇宙本源，就是**黑洞保存的記憶**。

一般都認為，黑洞並非一個天體，而是有很多個黑洞。

所以每個人登入的地方，每個人的觀點，也都完全不同。

所以資訊會依照每個人解讀了什麼、讀取了什麼，出現截然不同的差異。

據說最近在宇宙科學家的研究之下，終於讓人逐漸釐清黑洞的一切了。

在過去的觀測中，規模最龐大的黑洞，其質量竟高達太陽的一百億倍左右，幾年前我在偶然間看到電視節目才知道，黑洞是在一百億年前孕育出第一條生命的天體。

散布在宇宙裡的無數星星，在各個地方經過一生中最後一次大爆發後瓦解，這些粉塵會以超高速旋轉同時被吸入黑洞當中。據說現在的研究已經發現，粉塵會因為吸入時的速度導致溫度上升，變成光進入黑洞裡，黑洞吸收了這些粉塵及氣體之後，又會再重新釋放出去。

因此黑洞的工作，就是「回收與再生」。

過去大家認為黑洞是「吞噬一切的黑暗謎團」，我覺得這種恐怖的印象現在已經改觀，由惡轉善。

讓我再次回想起，無形之光教我的一句話：「這世上（宇宙）沒什麼好害怕的」。

另外我還想到了一件事。那時我忘了自己的身體，僅有意識上升至宇宙時，我看見了金色的噴水池。

正確來說，我看到的是我從上方眺望著類似金色噴泉的物體。

當人去世之後，會進入黃金噴泉當中，等到靈魂回復之後，再次變成水花四濺的噴泉，然後形成新生命。無形之光曾經告訴我，這個過程會永遠周而復始。

也就是說，一個靈魂並不會一次又一次地永遠重生，而是保有許多記憶、保有你局部記憶的靈魂將會重生。當時我便明白一點，生命是不斷循環的。

而且我認為當時看見的金色噴泉，應該就是黑洞。

一條釋放生命的金色帶子，從黑洞中如柱子般延伸出來，形同龍的身體氣勢如虹，看到這幅景象時，我自己也從胸口感覺到磅礡氣勢滿溢而出，與金色光帶如出一轍。

說不定，在我們的身體裡都保留著小小的黑洞。若說黑洞是神，也許過於短視，但是解釋成宇宙根源的話，可能相去不遠。

如何登入你的宇宙圖書館？

接著就來教大家如何登入你的宇宙圖書館。

❶請你橫躺下來，讓身體放鬆。

請你在安靜的場所，放鬆地躺在沙發上或床上。

試著讓身體放輕鬆。

你不必害怕，因為你可以靠自己的意志回到自己的肉體上。

坦白說，人只要一點聲音就會產生反應，強迫意識回到肉體上。

請你靜下來放鬆心情，將注意力放在自己的呼吸節奏上。

請你從鼻子吸氣，再從鼻子自然地吐氣。

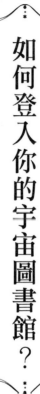

接下來，請你要將注意力放在頭頂上。
請你在腦海中想像，另一個自己逐漸脫離。
可能會從你的頭部開始脫離，也可能從額頭開始脫離。

另一個你，說不定是透明的狀態。
也可能是十分迷你的狀態。即將取代你去觀察宇宙。
你已經準備好了嗎？
現在請從你的身體釋放出另一個自己。
數1、2、3之後，請你試著脫離紙糊一般的肉體，俯瞰另一個自己的身影。
你和另一個你之間，以繩索連結在一起。
這條繩索，可能是銀色或是彩虹的顏色。

❷讓另一個自己前往宇宙圖書館。

等到另一個自己脫離之後，請你這樣跟另一個自己說。

「快去吧，快去自由探索宇宙！」

說完這句話後，請送另一個自己離開。

另一個你將會飛向陰暗的星空。

現在，你看見什麼了嗎？

在無數的耀眼群星當中，如果你發現了非常感興趣的地方，請你鼓勵自己「飛到那個地方去」。

還有一個你會從高處觀察著，另一個自己正在看什麼？正要往哪裡去？

在宇宙盡情悠遊一陣子之後，請你跟另一個自己說：「快去尋找宇宙圖書館！」

另一個你，馬上開始尋找宇宙圖書館。

現在你眼中的宇宙，範圍十分狹小。

有一個地方的規模，遠遠超越了這個宇宙。

請你向另一個自己說：

「在宇宙載沉載浮之際，請你回頭瞧一瞧。」

當你回頭一看，是否有發現體積龐大，類似下水道人孔蓋的東西飄浮在宇宙之中？

這是一扇門嗎？還是出入口呢？

看起來就像某處的「入口」。請你靠過去看一看。

❸請你決定要不要走進神祕的入口。

現在另一個你，彷彿被體積龐大類似下水道人孔蓋的門或出入口吸引一般，越來越靠近。在這個蓋子上能看到幾何圖形，也可能是類似古代文字的圖案。

來到這個入口前方，馬上就聽見了一個洪亮的聲音問說：「你敢走進去嗎？」

這時如果你感到害怕，請你半途折返。你只要向另一個你說「回去吧」或「下次再來」，你就能馬上返回。

如果你敢走進去，請你回答「我當然敢」。

❹請你走進你的宇宙圖書館。

巨大蓋子從正中央裂開之後，刺眼的光線立即由內溢出。現在請你拿出勇氣走進去。這裡就是你的宇宙圖書館。

請你慢慢地走進去，看看裡頭是什麼模樣。這裡可能是靜止不動的狀態，也許還有更深處的盡頭。請你先檢視一下，你的宇宙圖書館是一個怎樣的地方。

難以想像的人，請你先讓另一個自己在宇宙中自由飛翔，享受宇宙之旅。暢遊宇宙之後，相信你就會懂得如何走進宇宙圖書館了。

試著查看自己不久的未來與過去

在你的宇宙圖書館裡，也有你的零點。

當你在創造自己的過去以及未來時，零點將派上用場。此時要將零點當作現在的你。

零點並不在其他地方，就是現在這一刻的你。

首先你要前往你的宇宙圖書館。請將你降落的所在地視為「現在的你」，以這個起點作為零點。

當你將現在這個時間點當作自己的零點之後，你就會在無意識中想像未來，開創未來。

所以第一步請你將起點設定在現在，並開始試著去查看「明天」、「三天後」、「一個月後」，看看不久的未來吧！

練習查看自己不久的未來與過去

❶請你走進你的宇宙圖書館。（可在前項實作練習之後繼續進行）

在這裡，會有關於你的所有記憶。

❷試著創造未來。

現在你就身處在宇宙圖書館內。那裡就是「今天的你」。

「明天的你」，就在離你不遠的地方。

「三天後的你」，就在離你遠一點的地方。還有「一個月後的你」，就在更遠的地方。

只要照這樣設定好未來的日期，並將注意力放在腦海中，那一刻的你就能看到未來。

你還能利用這個要領看見過去。

昨日的你，就在你身後不遠處。三天前的你，就在你身後遠一點的地方。

照這樣設定好了日期之後，就會在你腦海中浮現畫面。也許你會回想起早已遺忘的事情。

另外你也可以想像未來位在上方，過去位於下方，而不是未來在前方，過去在後方。你可以在自己的宇宙圖書館內，想像不久的未來。

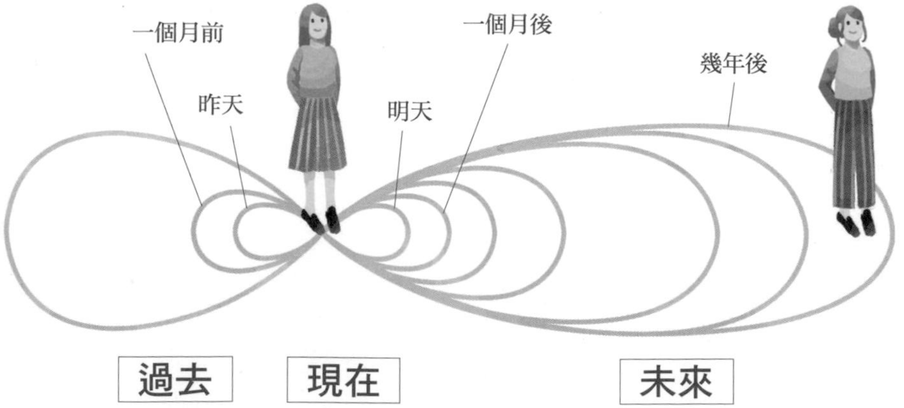

試著查看自己遙遠的未來與過去

透過前一項實作練習，你已經看到不久的未來了。

當你繼續隨意探索宇宙圖書館的過程中，還能像平行宇宙一樣看到自己遙遠的未來及前世。

總之我想表達的就是，很多方法都可以讓你在腦海中浮現畫面或看到影像。

一開始也許會有點難，但是經過不斷練習之後，你就會慢慢看得見了。

等到你掌握訣竅之後，你除了能看到自己的未來及過去，甚至還可以隨心所欲地看到別人的未來及過去。

練習查看自己遙遠的未來與過去

❶請你走進你的宇宙圖書館。

在這裡，有關於你的一切記憶。

❷請你搭上不斷往上的手扶梯。

當你身處在「今天的我」這個零點，就會出現不斷往上的手扶梯（比較容易想到電梯的人，也可以想著電梯）。

這座手扶梯會帶你前往存放你未來記憶的地方。請你試著搭上這座手扶梯。

電扶梯一停下來，轉眼間就會連結到你最喜歡的地方。

是在森林裡嗎？是在白色沙灘上嗎？是在滿天星斗閃耀的草原上嗎？

這個一望無際的地方你一定會非常喜歡，而且你會覺得四處通行無阻。請你試著隨意走走吧！

❸試著查看十年後、二十年後的未來。

景色宜人，你悠閒地漫步其中。

這個空間也是你的宇宙圖書館其中一部分，屬於你未來的領域。當你說出「我想遇見〇歲的我」之後，就會出現一扇門。

一打開門，你就能看到未來的自己。現在就請你將門打開看看吧！

你想知道的「未來的你」，是幾年後的你呢？是幾歲的你呢？

「我想遇見〇歲的我」，或是「我想遇見〇年後的我」，請你做出決定。

隨意走幾步之後，你應該就會看見一扇門。

請你下達命令：「打開這扇門！」再試著走進這扇門。

那裡會是怎樣的地方呢？和你現在居住的城市是不一樣的地方嗎？

未來的你在那裡嗎？（還會出現由高處往下觀察的自己）

你一臉笑容嗎？

你穿著怎樣的衣服？髮型如何呢？

你的身邊有什麼人嗎？

說不定還會聽見音樂聲。

❹請你搭上不斷往下的手扶梯。

就像你能看到未來一樣，你也能看見自己的前世。

回到「今天的我」這個零點之後，接著請你搭上不斷往下的手扶梯。

電扶梯一停下來，轉眼間就會連結到你最喜歡的地方。

可能會和未來的領域呈現相同景色，也可能看起來不同。

你會連結到怎樣的地方呢？

在這個一望無際的地方，你會感到通行無阻而非常喜歡。請試著隨意走走吧！

❺試著查看前世。

景色宜人，你悠閒地漫步其中。

這個空間也是你的宇宙圖書館其中一部分，屬於你前世的領域。

現在請你做出決定，比方說「我想遇見前世的我」。

隨意走幾步之後，你應該就會看見一扇門。

請你下達命令：「打開這扇門！」再試著走進這扇門。

在你腦海中，應該會浮現出很久之前似曾相見，或是從未見過的街道景色。你不一定是臺灣人，性別也可能和現在不同。長相還有其他的一切，也和現在的你完全不一樣，但是看到某個人之後，你就會知道「這就是我！」。

你正和誰在一起嗎？你的家人和朋友，可能會是你現在的家人或朋友當中的某個人。你應該也會認得出他們。

也許你會察覺到，你和現在的親朋好友緣分深重，到了這一世又再次相遇，並在這一世領悟到這一切。

練習將你腦海中的文字反映出來

到目前為止，已經做過了必須先轉換成宇宙腦的各種實作練習。這次要在不做準備動作下試試看。

接下來要介紹的實作練習，過程會十分有趣，請大家放鬆心情來試試看。

請你將文字傳到腦海中。

請你準備一個信封。盡量準備素色的牛皮紙信封會比較恰當。信封內不能放入任何東西，請你直接封住封口。

在這個牛皮紙信封裡，裝著你現在需要的文字。也許是平假名，也可能是漢字。請你盯著牛皮紙信封看，同時輕輕地閉上眼睛，將注意力放在右腦上。

你可以將信封放在手上，也可以用雙手夾著，怎麼做都行。

感覺你可以透視這些文字，靜靜地將下巴往後推，使後腦杓朝向天空。脖子只要稍微往左傾倒。

接下來請你耐心等待，文字就會傳到你的腦海中。

接收到文字之後，請你仔細觀察。

請你試著看清楚文字的大小、顏色、形狀，以及文字的涵義。

當你能夠掌握腦海中的畫面之後，你也可以請別人寫下符號或文字再透視看看，一定會非常有趣。

不管你有沒有猜中，其實我是要讓你體會一下，你正在盡你所能用右腦思考。

練習發現自己的龍

龍的風潮方興未艾，龍在任何時代總是備受推崇。眾所周知，龍是起源於中國傳說的靈獸。

其實人在腦海中所創造出來的，可以在這個世界構成「異次元」。

坦白說這世上有三次元的存在，當三次元與異次元交錯的瞬間，你將經歷不可思議的事情，看到神奇的東西。

事實上雖然只在轉眼之間，但在這個瞬間你會感覺時間似乎暫時停止了。

看到龍、妖精、異次元出現的時候，你肯定會覺得這個世界的時間停了下來。是否要登入這個異次元，全由我們自行決定。

試著登入龍的次元國度。

現在不管你要橫躺在沙發上或床上，甚至坐在椅子上都行。請你在不會被人打擾的時間、身邊沒有其他人的時候來試試看。

慢慢地用鼻子吸氣，使胸部充滿空氣。

請你將注意力放在右腦。

接著請大口吸氣再吐氣，使全身力量放鬆。每次呼吸時，你都要越來越專注。

這時你正好看見了白雲。

現在你從雲中一頭穿出。

請你在這個狀態下環顧四周。天空的顏色及景色全都不　樣了。

是怎樣的景色呢？

是怎樣的天空呢？

這朵雲裡可能會有孫悟空乘著筋斗雲飛天而過，也許會有鳳凰展翅高飛著。

在這當中，還有一群龍在漫天悠遊。請你把祂們找出來。

是什麼顏色的龍呢？
你從雲朵縫隙探頭探腦發現的龍，朝著你越來越靠近，而且還在盯著你看。
是什麼表情的龍呢？
體型有多大呢？

龍跟你說，要你騎上祂的背。
龍潛入雲裡，鑽到你的身體下方，讓你騎上了祂的背。
轉眼間，你穿雲而出，和龍一同在天空四處翱翔。
龍問你：「你想去哪裡？」
你會怎樣回答呢？
想繞行世界一周嗎？請你想怎麼回答就怎麼回答。
這條龍是活在你世界裡的龍。
請你為祂命名，接著跟祂說「下次再玩、拜拜」，與祂道別。

我那不可思議的龍國度，有一群淡綠色的龍悠遊飛舞在同樣淡綠色的天空之中。

這群龍總是神情和悅，親切又體貼，一直問我想去哪兒。

我稱之為「快樂的神奇魔法世界」。

我很喜歡妖精，所以也經常造訪妖精的世界。

要前往妖精的世界時，我不是上下移動，而是來到龍國度的周遭。

如此我才能進入五彩繽紛一望無際的花田，淡粉色天空四處蔓延的妖精世界。

每次造訪妖精的世界，都會有從小陪我一同玩耍，類似小人的妖精跑來玩遊戲。

神奇的異次元，其實就是往兩側無限擴展的橫向區塊。

懷疑是「幻想」仍堅持練習，想像就會越來越進步

當你開始覺得腦海裡的想像，**「也許是自己創造出來的幻想」**時，一定會讓人心灰意冷。這是因為左腦在大發牢騷，才會造成這種結果。因此很多人一出現這種想法，馬上就會無法看到任何東西。

舉例來說，許多可以看見自己前世的人，都會直言不諱「我以前是羅馬帝國的公主」、「我過去是江戶遊廓的花魁」、「當時我是名戰國武將」、「從前我是埃及的法老」。有時候他們也會懷疑，自己是不是曾經在哪裡看過電影或電視，所以才會看到這些前世的畫面。

其實，**腦海中浮現的記憶絕對不是你一個人的記憶**。而是世界上許多人在不斷轉生的過程中，共同持有的記憶。

通常我的說法是，前世並非一個靈魂歷經多次脫胎換骨，反覆重生，**而是一個靈魂回歸之後，經過記憶的融合、統合之後，形成全新的肉體（身體）**。

這就是我所主張的前世記憶、轉生的概念。所謂的記憶，就是像這樣多方融合及統合之下，不斷傳承。這些記憶量龐大到足以形成宇宙圖書館，所以出現眾所周知、隨處可見可聞的場面，也不會令人感到意外。

無論是透視或通靈，甚至是無形的世界，雖然總叫人備感質疑，但我認為還是會永存於世。

即便你一直不相信，總是懷疑可能是幻想，但你還是可以繼續做想像的練習。而且總有一天，你會越來越進步。

前陣子在電視上，提到了發生在明治末期的「千里眼事件[1]」。這起事件以及相

1. 御船千鶴子與長尾郁子兩位女子在明治年間自稱具有「千里眼」（透視）能力，並個別於一九一〇年接受東京帝國大學文科大學的福來友吉教授的「通信實驗」。

關人物三番兩次經電視媒體報導，也會出現在日本恐怖電影當中，我想應該很多人都知道。

二名女性在這次事件中一舉成名，但是大家都認為她們只是在耍戲法，擺明就是騙子。然而我並不認為她們只是滿口謊言。她們一定說中了很多事情。

只不過當她們在多數人帶著有色眼鏡注視下接受實驗，根本無法發揮與生俱來的能力，在我眼中覺得她們十分可憐。

至今雖然仍無法闡明腦科學的一切，但是在不久的未來，經由科學清楚解釋這一切的一刻終將到來。

我會在部落格的「神機回覆」單元裡，解答各位讀者來信的問題。活在這世上，一定會發生許多不可思議的事情，我們要重新體認到一點，我們就活在不可思議的世界裡。

當我們能看見陌生遙遠的地方，或是過去發生的事，就是我們在使用右腦，派遣自己的分身、意識前往那個地方（我覺得用「派遣」一詞最為恰當）。

不管是在現在，還是在過去，其至是未來。

當你在透視手上的東西或文字，必須從你的手進入，然後再動腦去透視。通常我在進行個人諮詢的時候，都會請諮詢者將名字寫在名片大小的卡片上，從這個名字進入再透視。

以前我在使用瞬間爆發的注意力時，如果時間過長或是問題太多的話，我都會因為過於筋疲力盡，用盡全身用來活動身體的能量。

現在我會在部落格上提供神機回覆，就是為了證明我完全不是騙子，還有希望大家明白這世上還有許多大家覺得不可思議，無法以科學證明的事情。

而且我希望大家明白之後，要相信幸福會傳播出去，要設法讓幸福傳播出去。不可思議的能力，並不是會猜中哪些樂透和賽馬的號碼，或是知道哪家公司的股票會上漲。

我認為，不可思議的能力是為了安慰人心、成為靈魂的糧食，具有莫大的意義。

結語

你就是想像的魔法師

我們活在這世上，總是深信命運會走在自己前方，未來一切皆已命中註定。

所以，我們才會想透過占卜預知未來。

但是命運其實是走在你後頭，跟在你的身後。

以前我也是非常執迷占卜。但是後來竟在不知不覺間，無法為自己的事作主，變得無所適從。因為我不能自己決定下一步該怎麼做。

這讓我感到非常絕望，有一天我突然頓悟：

「自己的人生、自己的命運要掌握在自己手裡。」

自此以後我便不再嘗試占卜。

雖然想像成真的時間、夢想實現的快慢各有不同，但是當我開始下定決心，未來以及所有一切都要自己作主，按照自己的決定過生活之後，漸漸地你就會明白，「命運是操控在我們手中」。

隨著年齡增長，你會對這點更加深信不疑。人並不會被命運擺弄，而是命運會在不知不覺中隨你操控。

你要為自己的命運作主，命運就會如你所願。人生的主角，就是你這個神明。

當你和我回顧自己的人生，不知道有多少願望已經實現了？

你已經實現的願望，無論是大事或小事，肯定數不勝數。你早就已經實現非常多、非常多的心願了。

想要實現的願望，都是從微不足道的想像、幻想開始展開。如果你能記住這一點，未來你也一定能夠實現願望。

想像的魔法師，並不會遠道而來。

因為魔法師就是你自己。

微風捎來綠葉芳香之日　Masayo

【作者簡介】
Masayo
靈氣諮商師、靈氣導師。

從小開始日日經歷不可思議的事情，聽見神奇的聲音。某日在巨大光芒籠罩下，領悟到無形世界的運作機制。因其沉穩性格及高度靈視能力而備受好評，單靠口耳相傳成為熱門諮商師，預約須等數月之久。現在為了治癒更多的人，巡迴日本各地舉辦活動，每日奔波於演講及寫書工作。著有《はじめての透視リーディング》（永岡書店）、《「あちらの方々」から聞いた人生がうまくいく「この世」のしくみ》（KADOKAWA）、《靈氣療法：透過能量翻轉人生》（楓樹林）等多本著作。

Masayo官方部落格「愛しているよ　大好きだよ」
http://ameblo.jp/itigomicanuri/

神腦覺醒
與神交感，讓幸福不請自來的想像創造力

出　　版／楓樹林出版事業有限公司
地　　址／新北市板橋區信義路163巷3號10樓
郵 政 劃 撥／19907596 楓書坊文化出版社
網　　址／www.maplebook.com.tw
電　　話／02-2957-6096
傳　　真／02-2957-6435
作　　者／Masayo
翻　　譯／蔡麗蓉
責 任 編 輯／周佳薇
校　　對／周季瑩
港 澳 經 銷／泛華發行代理有限公司
定　　價／380元
初 版 日 期／2023年8月

國家圖書館出版品預行編目資料

神腦覺醒：與神交感,讓幸福不請自來的想像創造力 / Masayo作；蔡麗容譯. -- 初版. -- 新北市：楓樹林出版事業有限公司, 2023.08　面；公分

ISBN 978-626-7218-85-3（平裝）

1. 超心理學 2. 靈修

175.9　　112010261